大人の自由時間

藤田智のこだわりの野菜づくり

地方野菜・変わり種に挑戦!

藤田智 著

技術評論社

はじめに

　みなさん、家庭菜園を楽しんでいますか？　私がテレビ番組で野菜づくりについてお話しさせていただくようになってから17年、著書等は１１０冊を超えました。その間にも、家庭菜園は趣味のひとつとしてどんどん広がっていき、今では本当に多くの人が手軽に家庭菜園をするようになりました。ナス、トマト、キュウリなどはお手のものといった人も多いでしょう。

　そこで、本書では私が愛してやまない地方野菜についても、その特徴や栽培方法までをたくさん紹介しています。腰を抜かすほどの大きさのキュウリ、ほっぺが落ちるほど甘くておいしいネギ。古から日本の風土のなかで育ってきた、その強烈な個性にはいつも驚かされるばかりです。私は、地方野菜を研究対象として日本全国を飛び回っていますが、地方野菜との出会いは、人間の想像の範疇を超えた、自然がもつ力を感じる瞬間でもあるのです。

　ぜひ、みなさんもこれをよい機会だと思って、さまざまな土地の野菜を栽培したり食べてみてほしいと思います。

　また、本書では、私なりのおすすめの野菜の食べ方を随所でア

ドバイスしています。日の光をめいっぱい浴びて、土の栄養を吸収し、うまみを存分に蓄えた野菜。大地のパワーがぎゅっとつまっています。野菜づくりの楽しみは、なんといってもそれをお腹いっぱい味わうことですからね！

野菜づくりは季節を感じ、自然の流れに寄り添う時間。
じっくりと野菜と向き合い、家庭菜園を楽しんでみてください。

もくじ

藤田智のこだわりの野菜づくり　地方野菜・変わり種に挑戦！

Chapter 1 定番野菜のつくり方

Chapter 2 おいしい野菜をつくる 匠のワザ

Chapter 3

こだわりの地方野菜を栽培しよう!

Chapter 4

中国野菜・おもしろ野菜のつくり方

Chapter 5 野菜づくりの基礎知識をおさらい

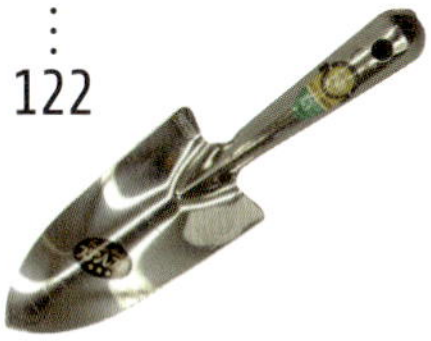

本書の特徴と使い方

■特徴

本書は、野菜づくり初心者の方はもちろん、めずらしい野菜を栽培したい方のために多彩な内容を掲載しています。また、スタンダードな栽培や作業の方法から一歩踏み込んだ、野菜づくりのワザも紹介しており、野菜づくり上級者の方が、あらためて栽培のおもしろさを認識できる内容にもなっています。

■掲載している栽培方法やデータについて

本書で紹介している野菜づくりの作業時期は、関東、関西、中国地方などの中間地での栽培に対応しています。北海道、東北、北陸地方などの寒冷地、九州、沖縄地方などの暖地で作業を行う場合は、種袋の表示を参考にするほか、ホームセンターや種苗店に作業時期をおたずねください。

■ページの見方について

本書では第1章で20種の野菜づくりの方法を写真や解説などとともに紹介しています。下記のような要素で展開していきます。

また、第3章、4章ではこれに準じて野菜の栽培方法を紹介します。

作業の詳細
実際に行う作業内容を、写真つきで紹介。

おすすめ品種・おもしろ品種
初心者でも失敗しない、つくりやすい品種と個性的なめずらしい品種を紹介。

野菜名
紹介する野菜の名前、科目を記載。

各品種説明の最後にある○印の文字は、その品種の種・苗をとり扱う種苗会社等の略称。正式名は巻末の写真協力欄参照。

藤田智の気ままな野菜学
野菜についての雑学や豆知識を紹介。

第1章、3章、4章で**太字**になっている単語は、124～127ページの「これだけは覚えたい 野菜づくりの基本用語」に対応しています。参考にしてください。

栽培の手順
中間地に対応した作業時期をカレンダーにまとめて掲載。

土づくり
種まきや植えつけの前に行う土壌改良資材や肥料の分量、施肥の方法、栽培するための株間や畝幅などをまとめて記載。

解説
野菜についての知識、育て方、食べ方を紹介。

Chapter

1

定番野菜のつくり方

家庭菜園の第一歩としておすすめの野菜があります。ポイントは簡単につくることができて、野菜づくりの楽しさを感じることができるもの。目にも鮮やかな実もの野菜、手軽にできる葉もの野菜、引き抜く瞬間が楽しい根もの野菜を紹介します。

実もの

トマト

▼ナス科

おもしろ品種

桃太郎ゴールド

桃太郎シリーズの橙黄色品種。果肉がぎっしりつまっている。㋟

おすすめ品種

麗夏

実つきがよく、果肉がしっかりしている。裂果が少なく、生育旺盛で病気に強い。㋚

おすすめ品種

アイコ

ミニトマトの人気品種。たまご形で果肉が厚い。裂果が少なく、実つきがよい。㋚

おすすめ品種

フルティカ

中玉の代表的な品種。ゼリー質の飛び出しが少なく、糖度が高め。㋟

おもしろ品種

チョコちゃん

熟すとチョコレート色になるおもしろ品種。甘みが楽しめる。Ⓣ

おすすめ品種

ホーム桃太郎EX

桃太郎シリーズのなかでも特に病気に強く、果実の揃いもよい。㋟

栽培の手順

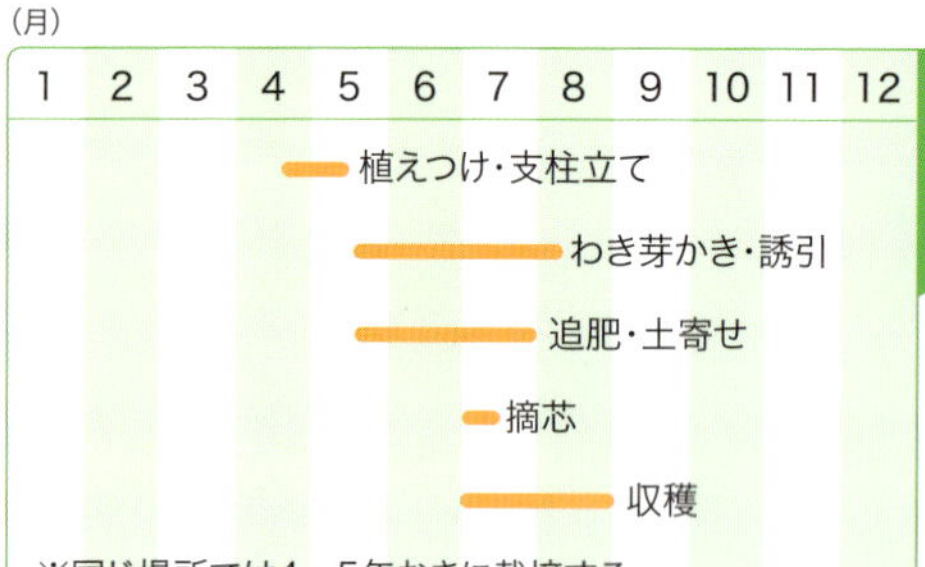

(月)
1 2 3 4 5 6 7 8 9 10 11 12
植えつけ・支柱立て
わき芽かき・誘引
追肥・土寄せ
摘芯
収穫

※同じ場所では4～5年おきに栽培する

土づくり

- **植えつけ2週間前まで**
  苦土石灰150g/㎡
- **植えつけ1週間前まで**
  堆肥3kg/㎡、化成肥料100g/㎡、ヨウリン60g/㎡

スペース

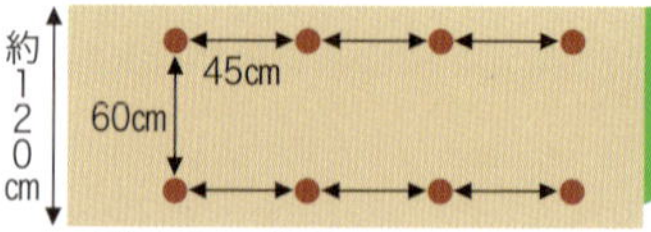

約120cm
45cm
60cm

※畝幅60cm、株間45～50cmでもOK。

色も形もさまざまな夏野菜の女王

知る▼ 南アメリカ・アンデス山脈の高地に自生していたものを改良してつくられた野菜。

1492年に、コロンブスがアメリカ大陸を発見したのをきっかけに、世界各国へと伝わり、日本には江戸時代に入ってきました。当初は観賞用であったとされていて、食用になったのは明治に入ってからのことです。

育てる▼ 原産地の気候を反映して、強い日ざしと、比較的冷涼で、夜と昼の気温差が大きい乾燥した気候を好みます。

大玉、中玉、ミニと、さまざまな品種があるのも楽しいところ。初心者は中玉、ミニが育てやすいでしょう。

水のやりすぎ、多雨の状況が続くと、裂果することもあるので注意。

食べる▼ 赤い品種は抗酸化作用があるリコピンが、オレンジ色の品種はカロテンが、そして黄色い品種は体への吸収がよいシス型のリコピンが豊富です。

1 マルチ張り
畝に、**マルチ**を張る。

2 植えつけ
植え穴を掘る。穴に水を注ぎ、水が引いたら苗を**植えつけ**、株元を軽く押さえる。

3 支柱立て
苗を植える外側10㎝の場所に200 ～ 240㎝の**支柱**を立てる。胸の高さで交差させ、横棒を入れてひもで固定する。**支柱に**軽く**誘引**。

4 わき芽かき・誘引
週１回、葉のつけ根に出てくる**わき芽**をとる。手でとると病気感染の恐れが少ない。伸びた枝は**支柱**に**誘引**。

5 追肥・土寄せ
２週間に１回、**化成肥料**30g/㎡を施す。**マルチ**をめくり**畝**の肩にまき、**土寄せ**。

6 摘芯
手が届かない背丈になったら、最終花房の上の葉２枚を残して先端を切る。

7 収穫
開花から55 ～ 60日後、ヘタのあたりまで色づいてきたら収穫。

藤田智の気ままな野菜学

確実な収穫のためのふたつの秘訣

トマトは、**一番花**、第一花房が着果しないと、その後、実がつかない「**つるボケ**」になってしまいがちです。筆や着果促進剤（トマトトーン）などで確実に**受粉**させせましょう。

また、トマトの枝は90度ずつの角度で生え、3枝おいて花房がつく習性があり、実のなる方向が同じです。植えるときに花を外に向けて植えると、収穫がしやすいですよ。

実もの

ナス

▼ナス科

おすすめ品種
➡千両二号
ナスの定番品種。ツヤがよく、果皮が柔らかいので、調理の幅が広い。㋟

おもしろ品種
⬆庄屋大長
35～40㎝になるが、早生でたくさん収穫できる。㋟

おすすめ品種
➡とげなし千両二号
収穫・管理・料理がしやすい。ツヤがあり、皮が柔らかい。㋟

おすすめ品種
⬅黒福
皮が柔らかく、食感がよい。暑さに強く、収穫期間が長い。㋚

おもしろ品種
⬅白ナス
ナス特有の紫色を形成する「ナスニン」という色素を含まないため、皮が白い。

おもしろ品種
➡くろわし
米ナスを品種改良したもの。ヘタが鮮やかな緑色。皮がかたく、ステーキにすると美味。㋟

栽培の手順

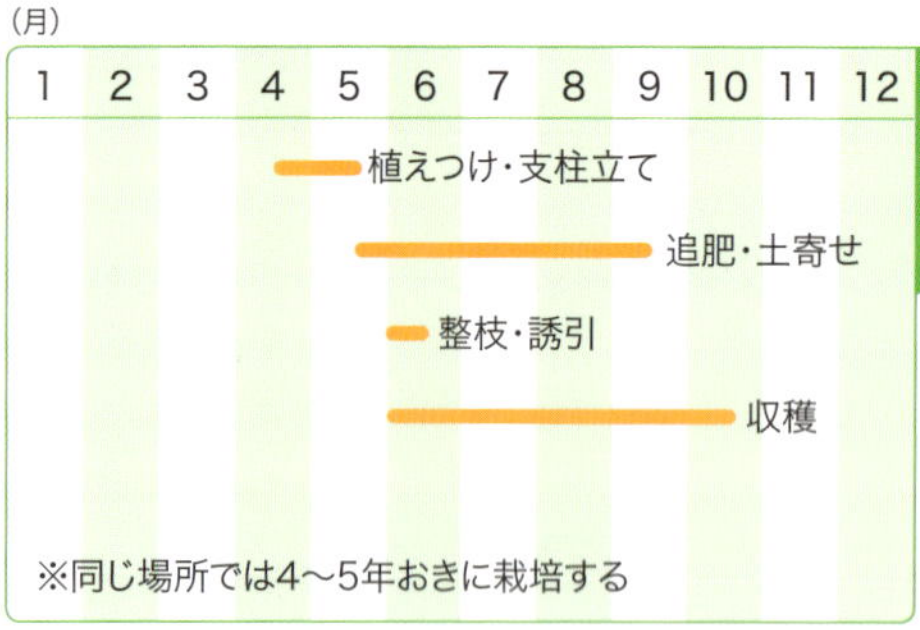

(月)
1 2 3 4 5 6 7 8 9 10 11 12
植えつけ・支柱立て
追肥・土寄せ
整枝・誘引
収穫
※同じ場所では4～5年おきに栽培する

土づくり

- **植えつけ2週間前まで**
  苦土石灰100～150g/㎡
- **植えつけ1週間前まで**
  堆肥3kg/㎡、化成肥料100g/㎡、ヨウリン60g/㎡

スペース

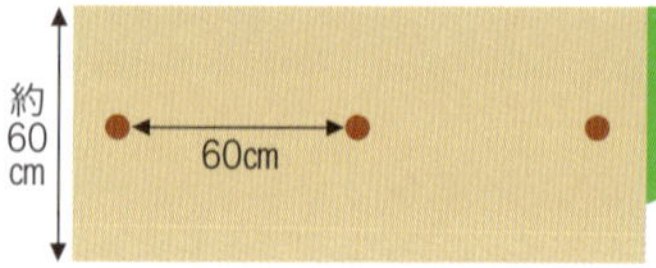

約60cm
60㎝

栽培の歴史も古く、地方品種も多い

知る▼ 原産地はインド。高温多湿な気候を好むので、日本の夏にはぴったり。ただし、乾燥に弱いので、栽培には水分が多く含まれる沖積土壌（畑土など）が適しています。収穫期間は、梅雨から秋の半ばぐらいまでと長く楽しむことができます。

　日本での栽培の歴史も古く、奈良時代にはすでに伝わっていたと考えられています。そのため、地方品種も豊富。たまご形、巾着形、長ナスなどのほか、色も、白、緑、薄紫など、各地でユニークなナスが栽培されています。

育てる▼ 寒さに弱いので、十分に気温が上がってから**植えつけ**るのがコツ。関東なら5月の大型連休前後が適期です。

　日当たりが悪いと生育が悪くなります。

食べる▼ 皮の紫色はナスニンという色素です。ナスニンはポリフェノールの一種で、動脈硬化、ガン、高血圧などの予防に効果があるといわれています。

1 マルチ張り・植えつけ

マルチを張り、植え穴を掘る。穴に水を注ぎ、水が引いたら苗を**植えつけ**、株元を軽く押さえる。

2 支柱立て

150cm程度の**支柱**を株のそばに立て、ゆるめに**誘引**。

3 追肥・土寄せ

2週間に1回、**マルチ**をめくり**畝**の肩に**化成肥料**30g/㎡を施し、軽く**土寄せ**。

4 整枝・誘引

枝が混んできたら主枝と側枝2本の3本立てに**整枝**する。そのほかの**わき芽**はすべてとり、高さ30cmぐらいのところを**誘引**。

5 収穫

一番果、二番果は、小さいうちに収穫し株の成長を促す。三番果以降は、10～12cmぐらいになったら収穫。

藤田智の気ままな野菜学

秋ナスを楽しみたいなら“更新剪定”

「秋ナスは嫁に食わすな」ということわざがあるほど、秋のナスは皮が薄く、実が締まっていておいしいもの。秋ナスの収穫を楽しみたいのであれば**更新剪定**をしましょう。7月末～8月はじめに、枝を2分の1～3分の1にハサミで切り落とします。また、根元から30cm離れたところにスコップを入れて、根切りを行います。スコップを引き抜くときに**化成肥料**30g/㎡を入れます。新しい根と枝が伸び、1カ月くらいすると秋ナスが収穫できます。

株の健康は花が教えてくれる

ナスの生育状況は、花をみます。雌しべが雄しべより突出していれば、栄養状態がよい証拠。逆に、雌しべが引っ込んでみえない場合は、**追肥**と水やりをして、株を元気にしてあげましょう。

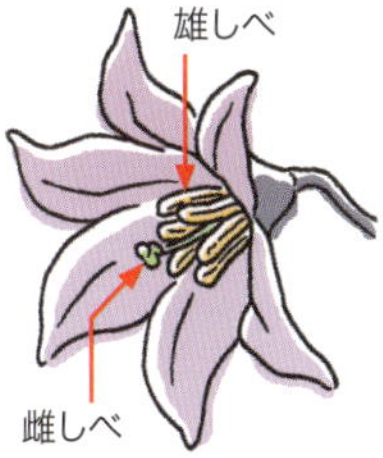

実もの

ピーマン（シシトウ トウガラシ）

▼ナス科

栄養豊富で、畑をカラフルに彩る

知る▼ ピーマンやシシトウを含めたトウガラシ類の原産地は中央アメリカ〜南アメリカの熱帯地域。暑さに強く、日当たりのいい場所を好みます。比較的、病害虫害も少なくて育てやすいといえるでしょう。辛みのないものが「ピーマン」「甘トウガラシ」「シシトウ」といわれ、辛みのあるものを「トウガラシ」と呼びます。近年は、緑のほか、赤、オレンジ、黄などの種類もみられ、これらはピーマンの完熟果です。

育てる▼ 高温性のため、気温が十分に上がってから**植えつける**のがポイント。5月の大型連休頃からが**植えつけ**適期です。**追肥**をうまく行って株を疲れさせないようにすると、10月いっぱいまで収穫できます。

食べる▼ ビタミンC、カロテン、カリウムが豊富で栄養価の高い野菜です。赤い完熟果にはカプサンチンという色素が含まれ、抗酸化作用があります。

おすすめ品種
←鷹の爪
熟すと真っ赤になるトウガラシ。名前のとおり、鷹の爪のような先の尖った実が上向きにつく。㋚

おすすめ品種
←翠臣
細長い実で、尻が丸くなったシシトウ。栽培の中〜後期に多く実をつける。㋚

おもしろ品種
↓ブートジョロキア
ハバネロを抜き、世界一の辛さを誇る激辛トウガラシ。収穫には手袋、できればマスクとゴーグルも使用する。㋣

おもしろ品種
→ガブリエル（赤）
糖度が高く、フルーツ感覚で食べられる。㋰

おもしろ品種
↑ソニアミックス
重さ150〜160g以上。果肉が厚く、ジューシーで爽やかな甘みがある。㋚

おすすめ品種
↗ニューエース
中果種を代表する品種。肉厚でボリュームがある。成り休みが少ない。㋟

栽培の手順

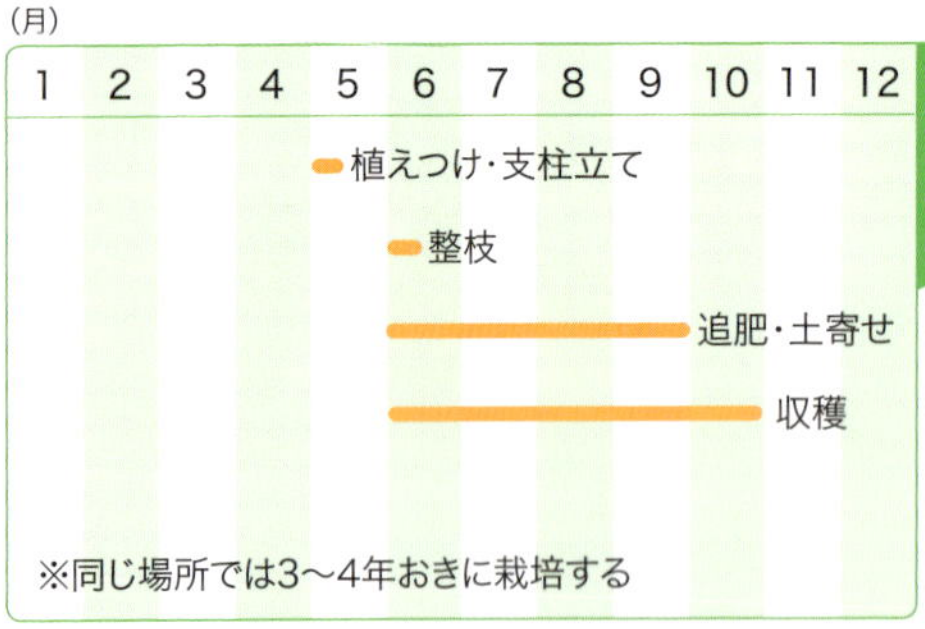

（月）
1 2 3 4 5 6 7 8 9 10 11 12
植えつけ・支柱立て
整枝
追肥・土寄せ
収穫
※同じ場所では3〜4年おきに栽培する

土づくり

- **植えつけ2週間前まで**
  苦土石灰100〜150g/㎡
- **植えつけ1週間前まで**
  堆肥2kg/㎡、化成肥料100g/㎡、ヨウリン60g/㎡

スペース

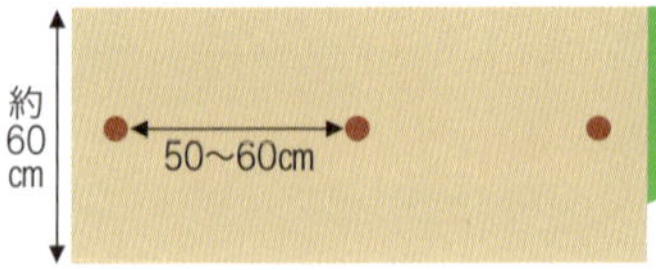

約60cm
50〜60cm

1 マルチ張り・植えつけ
畝にマルチを張る。中央に土を盛り、重しにする。植え穴を掘り、穴に水を注ぎ苗を**植えつけ**、株元を軽く押さえる。

2 支柱立て
株から10 ～ 15㎝離れたところに**支柱**を立て、**誘引**。

3 整枝
主枝と**一番果**の下の勢いのよい2本以外の**わき芽**をすべてとり、3本仕立てにする。トウガラシは3本仕立てにせず、混み合ってきたら株の内側の葉を切る。

4 追肥・土寄せ
一番果ができた頃から、長く収穫するには月1～2回程度、**追肥**する。**マルチ**をめくり、**化成肥料**30g/㎡を施す。株が小さいうちは株元に、大きくなったら**畝**の肩にやり、**土寄せ**。

5 収穫
(小、中果種) 開花後15 ～ 20日
(大果種) 開花後60日
大果種は十分に色づいたら収穫、小、中果種は株を疲れさせないように早めに収穫するとよい。枝が折れやすいのでハサミでつけ根を切る。

藤田智の気ままな野菜学

トウガラシを起源とする野菜たち

パプリカは、ハンガリー語で「トウガラシ」を意味する言葉。日本では、赤やオレンジ、黄色など、大果種の完熟したものをパプリカと呼んでいます。これは日本の流通関係の方が考えた日本特有の呼び方です。一方、ピーマンはフランス語でトウガラシを表す「piment」が語源。なんだかややこしいですが、ピーマンもパプリカも、もともとがトウガラシですから自然なこともいえるでしょう。

辛さのもとはワタとストレス

トウガラシの辛み成分であるカプサイシン。これが一番多く含まれているのはどこだと思いますか。
1 「種」
2 「皮」
3 「皮の内側のワタのような部分」
答えは3。種や皮は辛くないのです。ちなみに、トウガラシやシシトウをさらに辛くする方法があります。水や栄養を不十分にしてストレスをかけます。すると、カプサイシンが増長してひときわ辛いものができるというわけです。

実もの

キュウリ

▼ウリ科

おもしろ品種
←ラリーノ
長さ9～10cmとミニサイズのイボなしキュウリ。ピクルスなどに向く。㋟

おすすめ品種
→味さんご
つくりやすく、耐病性にもすぐれた四葉系品種。たくさんの実を安定して収穫できる。㋚

おすすめ品種
↘VR夏すずみ
夏秋キュウリの代表品種。うどんこ病に強く、安定して実をつける。㋟

おもしろ品種
↑フリーダム
イボなし品種。うどんこ病、べと病に強い。シャキッとした歯ごたえ。㋚

おすすめ品種
←シャキット
うどんこ病に強く比較的低温でも枝発生が安定。歯切れのよい四葉系品種。㋟

おもしろ品種
→霜知らず地這
支柱立てのいらない地這いづくり用のキュウリ。暑さに強い。㋚

栽培の手順

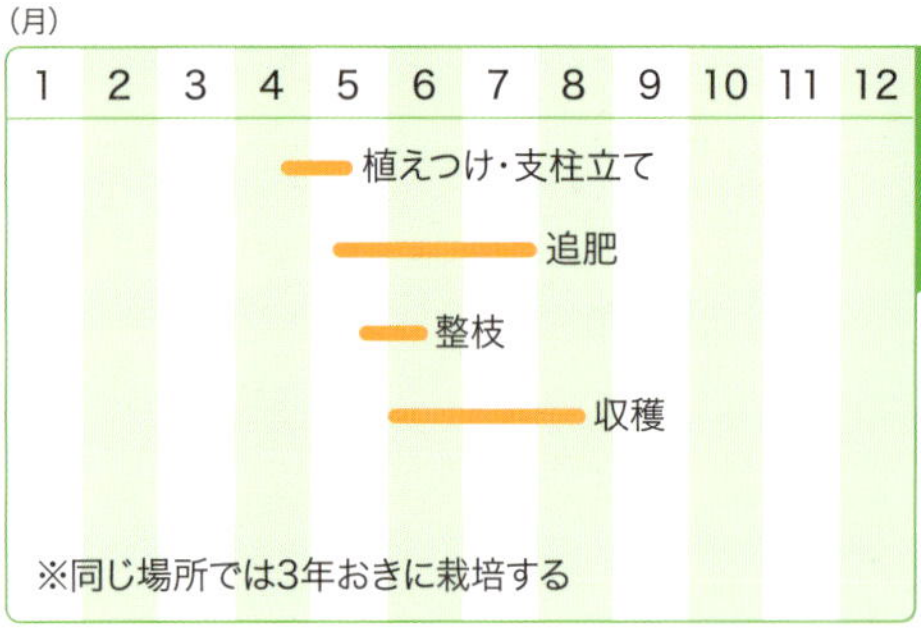

(月)
1 2 3 4 5 6 7 8 9 10 11 12
植えつけ・支柱立て
追肥
整枝
収穫
※同じ場所では3年おきに栽培する

土づくり

- **植えつけ2週間前まで**
  苦土石灰100～150g/㎡
- **植えつけ1週間前まで**
  堆肥2kg/㎡、化成肥料100g/㎡、ヨウリン50g/㎡

スペース

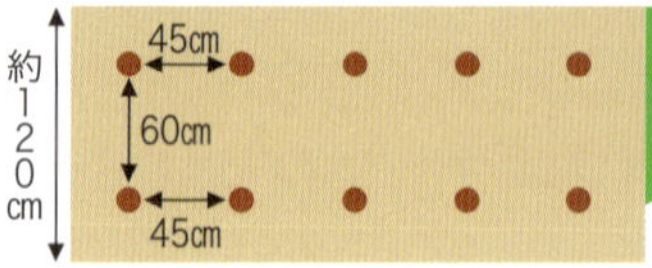

45cm
60cm
45cm
約120cm

植えつけから約40日で収穫できるスピード野菜

知る▼ ひとつの株で**雌花**、**雄花**がある**雌雄異花**同株植物です。日本には10世紀には伝わったとされています。

　漢字では「胡瓜」と書きますが、その意味は、「胡」は中国より西の地域のこと。つまり「胡から来た瓜」という意味で、原産地がヒマラヤ産地だと推測されています。

育てる▼ 生育適温は18～25度で、冷涼な気候を好みます。苗を**植えつけ**てから約40日で初収穫を迎えるスピード野菜。開花から約1週間で収穫適期の大きさになるので、とり遅れないことがポイント。大きくなった実は種が多く、味が落ちるだけでなく、株疲れの原因になります。

　病害虫に強い接ぎ木苗がおすすめ。

食べる▼ 利尿作用があるといわれるカリウムを多く含み、果実の90％を水分が占めています。

　みずみずしい果肉と、シャキシャキとした歯ごたえを楽しむ野菜です。

1 マルチ張り・植えつけ

マルチを張り、植え穴を掘る。植え穴に水を注ぎ、水が引いたら苗を**植えつけ**、株元を軽く手で押さえる。

2 支柱立て

高さ10cmの**畝**を立て**マルチ**を張り、植え穴を掘る。穴の外側10cmに長さ210cmの**支柱**を立てる。**支柱**は胸の高さで交差させ、合掌づくりに。

3 追肥

植えつけ2週間後から**化成肥料**30g/m²を株元に施す。以後、2週間ごとに同量を**追肥**。

4 整枝・追肥

つるが伸び、株の下のほうが**わき芽**で覆われるようになってきたら、下から5節の**わき芽**はすべて摘みとる。それより上の**わき芽**は1〜2節残して**摘芯**。さらに株が成長してきたら**マルチ**をめくり、**畝**の肩に**化成肥料**30g/m²を施す。

5 収穫

一番果と二番果は、株を疲れさせないために、やや小さめ（15cmほど）で早めに収穫し、株の成長を促す。三番果から収穫適期の18〜20cmのものを収穫。

藤田智の気ままな野菜学

キュウリの表面の白い粉は「ブルーム」

昔は、新鮮なキュウリというと、表面に白い粉がついていましたね。これは「ブルーム」と呼ばれるもの。キュウリが自分自身を乾燥や雨などから守るために出す自然のものなのです。しかし、消費者からは「農薬が残っているようにみえる」と、敬遠されることも。そこで、現在は、ブルームが出ない種類のカボチャを台木にした接ぎ木苗を使用しています。

キュウリが曲がるのはナゼ?

くるりんと曲がったキュウリ。これは、水分不足、肥料切れを起こしているサイン。株がだいぶダメージを受けている可能性があります。まずは水やりと**追肥**を行い、株の勢いをとり戻すことに努めましょう。**畝**の周りを軽く耕して土を柔らかくし、下葉を切って風通しをよくするのもおすすめです。

実もの

トウモロコシ

▼イネ科

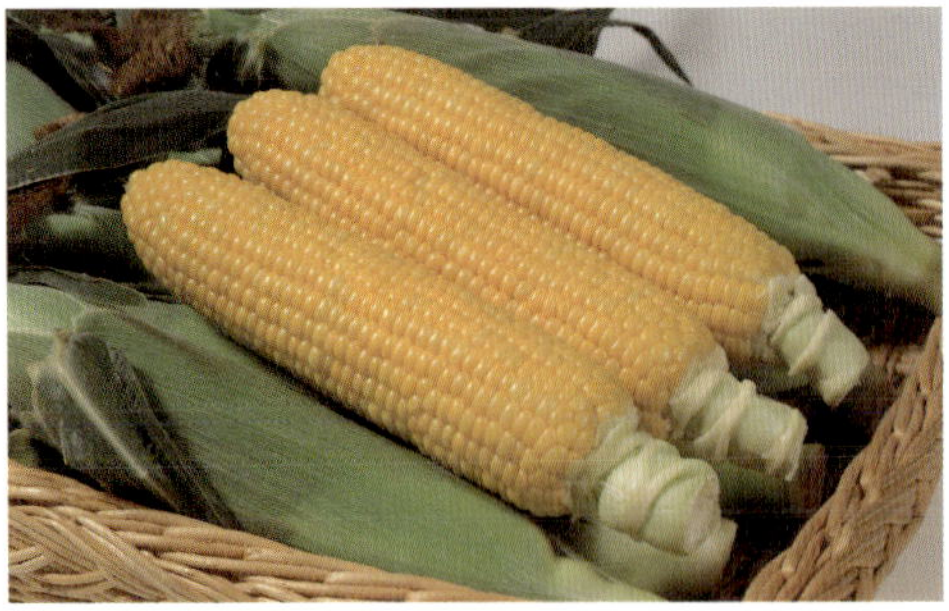

おすすめ品種
ゴールドラッシュ
低温期でも生育がよく、先端までよく実がつく。㋚

おすすめ品種
ゆめのコーン85
熟期が種まき後85日と中早生タイプ。甘みが強く、粒皮は白と黄色で、とても柔らかい品種。㋚

おすすめ品種
おひさまコーン
甘みが強く、粒皮が柔らかい。㋟

おもしろ品種
イエローポップ
ポップコーン用の品種。完熟し、乾燥させたものをいると実がはじけて何倍にも膨らむ。㋚

おもしろ品種
ピュアホワイト
白粒種の先駆け。フルーティーで甘みが強い。㊞

栽培の手順

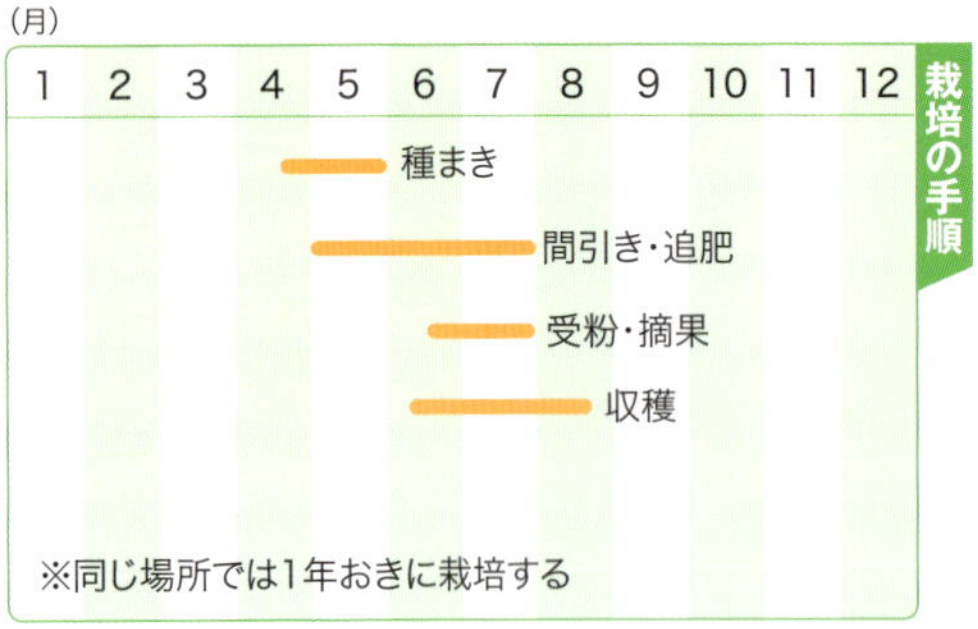

(月)
1 2 3 4 5 6 7 8 9 10 11 12
種まき
間引き・追肥
受粉・摘果
収穫
※同じ場所では1年おきに栽培する

土づくり

● 種まき2週間前まで
苦土石灰100～150g/㎡
● 種まき1週間前まで
堆肥2kg/㎡、化成肥料100g/㎡

スペース

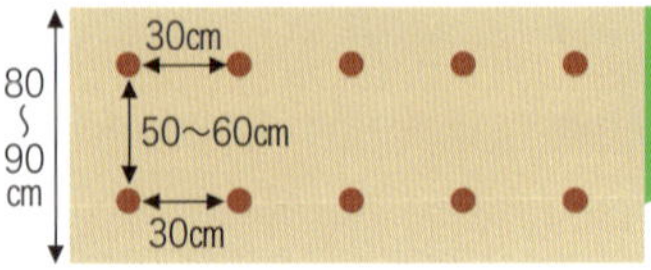

30cm
50～60cm
80～90cm
30cm

とれたての甘さ、おいしさは病みつきになる

知る▼ 原産地はアメリカ大陸。コメ、ムギと並ぶ三大穀物のひとつです。トウモロコシには多種多様な品種がありますが、家庭菜園では未熟な子実を食べるスイートコーン種がおすすめです。

育てる▼ 生育温度は25～30度と高温を好みます。トウモロコシは、茎の先端に**雄花**、茎の中間部に**雌花**ができる**雌雄異花**植物です。

雄花の花粉が**雌花**につかないと実ができないため、確実に**受粉**させるために同じ品種をまとめて近くに植えるのがコツ。ただし、違う品種を植えると**交雑**しやすく、品種の特色が出にくくなる（キセニア現象）ので注意しましょう。

食べる▼ 食物繊維が多く、リノール酸も豊富で、ガン予防、動脈硬化予防などに効果があるといわれる健康野菜です。収穫すると時間とともに糖度がどんどん落ちるので、できるだけ早く食べるのがおすすめ。

1 マルチ張り・種まき

畝に**マルチ**を張り、まき穴をあける。1穴に種を3粒まき、鳥害防止に**不織布**をかけて水をやる。

2 間引き・追肥

本葉が1～2枚（**草丈**10～15㎝）の頃に2本立ちに、**本葉**4～5枚（**草丈**30㎝）の頃に1本立ちにする。株元に**化成肥料**30g/㎡を**追肥**。

3 追肥・受粉

雄花と**雌花**が確認できる頃に、株元に**化成肥料**30g/㎡を**追肥**。**雄花**（写真右）と**雌花**（写真左）が開花したら株を揺すって**雄花**の花粉を**雌花**にかける。

4 摘果

1株から1本のトウモロコシを収穫するため、**雌花**は一番上のひとつを残してかきとる。かきとった**雌花**はヤングコーンとして食べられる。

5 収穫

受粉から20～25日、ひげが茶色く枯れてきたら、収穫適期。収穫適期は2～3日と短いので逃さないように。

藤田智の気ままな野菜学

トウモロコシは「畑の掃除屋」

トウモロコシをはじめとするイネ科の植物は、「クリーニングクロップ（＝畑の掃除屋）」と呼ばれます。長い期間、畑で作物を育てていると、だんだん余分な栄養分がたまってきます。トウモロコシはそうした過剰な養分を吸収したり、塩類を吸収して土壌のアルカリ性を緩和するので、うまく**輪作**のなかに組み入れて畑をきれいにしてもらいましょう。

実もの

ゴーヤー

▼ウリ科

おもしろ品種
スーパーゴーヤー 白
珍しい白色タイプ。苦みは控えめ。つるの伸びがよく、グリーンカーテンにも向く。㊐

おすすめ品種
さつま大長レイシ
鹿児島県の在来種で着果がよく、歯ごたえもよし。長さ35㎝になる。㋟

おすすめ品種
沖縄あばし苦瓜
沖縄でよくつくられているゴーヤー。濃緑の果色で、苦みは少ない。

おもしろ品種
カックロール
卵大サイズのミニゴーヤ。苦みが少なめで種ごと食べられる。㋫

おもしろ品種
デリシャスゴーヤ
ゴーヤの特徴であるイボがない品種。苦みは強くなく、生食も可能。Ⓢ

栽培の手順

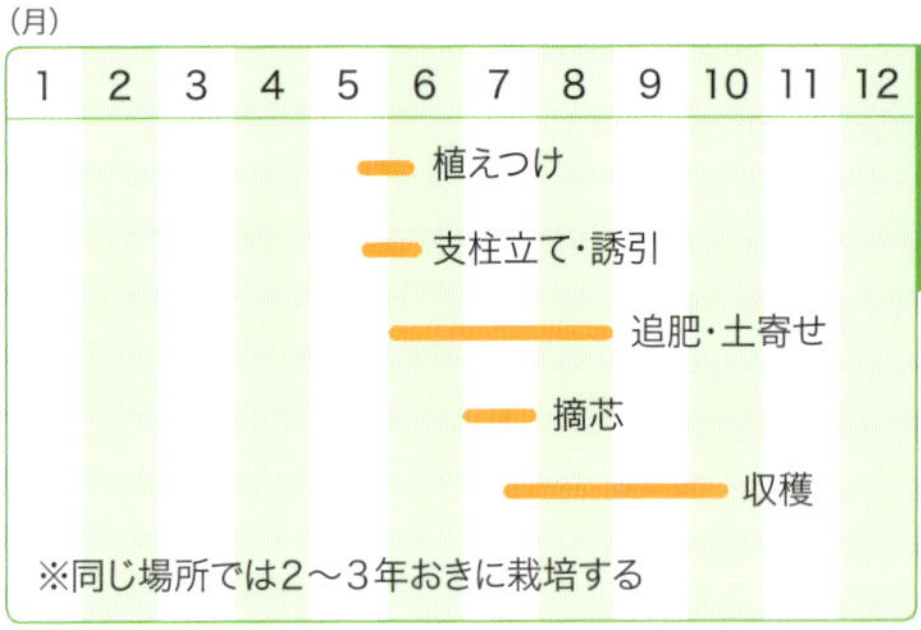

(月)
1 2 3 4 5 6 7 8 9 10 11 12
植えつけ
支柱立て・誘引
追肥・土寄せ
摘芯
収穫
※同じ場所では2～3年おきに栽培する

土づくり

- **植えつけ2週間前まで**
  苦土石灰100g/㎡
- **植えつけ1週間前まで**
  堆肥2kg/㎡、化成肥料100g/㎡、ヨウリン50g/㎡

スペース

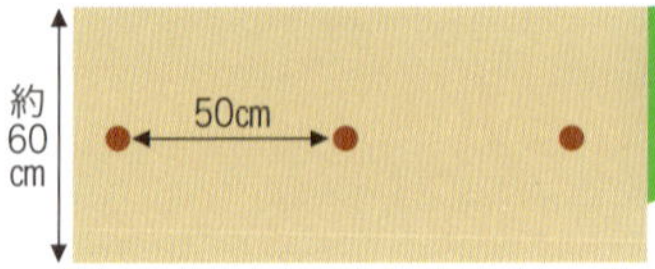

約60㎝
50㎝

独特の苦みが夏バテ防止に効果あり

知る▼ 原産地は熱帯アジア。暑さに強く、生育も旺盛で、家庭菜園にはうってつけの野菜です。

日本では、沖縄や鹿児島など、限られた地域では古くから育てられていましたが、沖縄を舞台にしたテレビ番組の影響や、グリーンカーテンに最適な植物として紹介されたことなどから、人気が爆発しました。

育てる▼ つるの成長が旺盛なので、支柱をしっかり立てて**誘引**します。実になる**雌花**は**子づる**に多くつく性質があるため、早めに**親づる**を**摘芯**して、**子づる**を伸ばすようにしましょう。病害虫にも強く、**子づる**を伸ばした後は自然に育っていく、まさに手間いらずの野菜です。

食べる▼ ゴーヤーの特徴である苦みは「モモルデシン」という成分。抗酸化作用があるほか、胃液の分泌が促されるので、夏、食欲がないときに、食欲を増進させてくれる働きがあります。

1 マルチ張り・植えつけ

畝に**マルチ**を張る。中央に土を盛り、重しにする。植え穴を掘り、穴に水を注ぎ苗を**植えつけ**、株元を軽く押さえる。

2 支柱立て・誘引

植えつけ時か、つるが伸びてきたら、長さ240cmの**支柱**を立て、ネットを張る。**支柱**は50〜60cm 間隔で立て、**畝**の長さと同じぐらいの長さの**支柱**を横に渡して補強する。適宜、ネットに**誘引**。

3 追肥・土寄せ

つるが伸びてきたら、2週間に1回を目安に、**マルチ**のすそをめくり、**畝**の肩に**化成肥料**を30g/㎡、施す。**追肥**の後は軽く**土寄せ**。

4 摘芯

本葉7〜8枚になったら**親づる**の先を**摘芯**し、**子づる**を伸ばす。**支柱**の高さまでつるが伸びたら先端を切る。

5 人工受粉

低温期は**雄花**（写真下）をとって**雌花**（写真右）につけて**受粉**するとよい。高温期は自然に**受粉**する。

6 収穫

品種特有の大きさになったら収穫。ヘタの部分から切りとる。開花から20 〜 25日が目安。

藤田智の気ままな野菜学

家庭菜園のご褒美 真っ赤なゼリー

若く、青い実を収穫して食べることが多いゴーヤーはその苦みが何よりの個性。暑い夏に「苦い苦い」といいながら食べるのが定番ですよね。

しかし、ある程度の大きさになっても収穫せずにそのままにしておくと、だんだんと熟して、実が黄色くなってきます。そして、なかをあけると種の周りが赤いゼリー状の物質で覆われているのをみることができます。この赤いゼリーは、とろっとしていてとても甘く、東南アジアの一部ではおやつとして食べているところもあるほど。とり遅れてしまった場合、ぜひ試してみてください。これを味わえるのも家庭菜園の醍醐味ですよ。

実もの

サヤインゲン

▼マメ科

おもしろ品種

黄サヤインゲン
つるなし種。表面だけでなくなかも黄色で、茹でても黄色のまま。ほんのりした甘み。Ⓣ

おもしろ品種

つるなしモロッコ
つるなし種の代表。肉厚で、柔らかさと風味は格別。さやに筋がない平ざや種。㋟

おすすめ品種

サクサク王子
つるなし種。サクサクした食感が特徴なので、加熱調理は短時間がおすすめ。㋚

おもしろ品種

サラミン
つるなし種。さやの表面に赤い斑が入る珍しい品種。熱を加えると色は消える。㋟

おすすめ品種

モロッコ
つるあり種。肉厚で美味。平ざや種で長さ14cmほど。㋟

おすすめ品種

スラットワンダー
丸ざや種。曲がりが少なく20～21cmでとれるが、12cmぐらいの若ざやどりも可能。㋟

栽培の手順

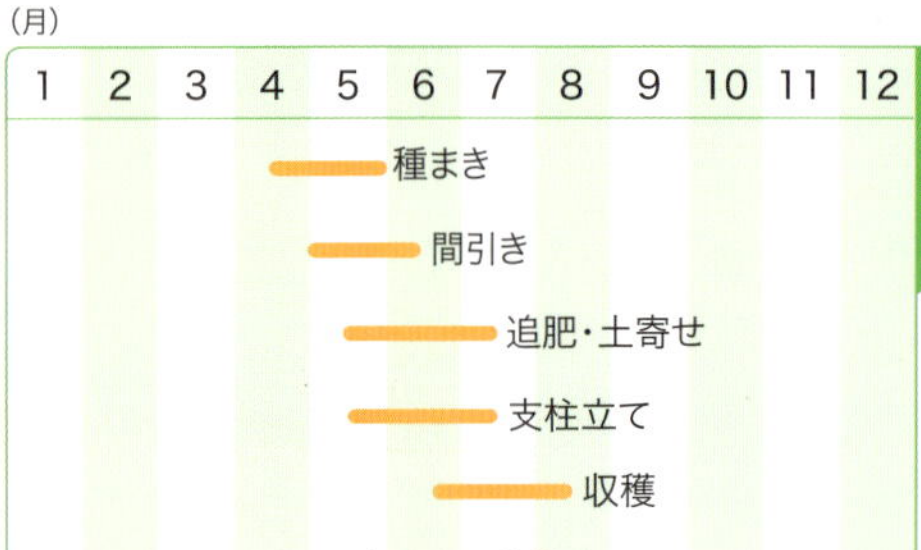

(月)
1 2 3 4 5 6 7 8 9 10 11 12
種まき
間引き
追肥・土寄せ
支柱立て
収穫

※同じ場所では3～4年おきに栽培する

土づくり

- **植えつけ2週間前まで**
  苦土石灰150～200g/㎡
- **植えつけ1週間前まで**
  堆肥2kg/㎡、
  化成肥料50～100g/㎡

スペース

約60～75cm
30cm

※株間はつるなし種であれば20～30cmが基本

若どりしたものはシャキシャキとして甘みも絶品

知る▼ 原産地は中央アメリカ。日本には1654年に、隠元禅師《いんげんぜんし》が中国から伝えたとされ、名前の由来といわれています。完熟した豆を利用する場合はインゲン、若いさやを利用する場合はサヤインゲンと呼びます。大きく分けると、つるあり種とつるなし種があります。

育てる▼ 生育適温は15～25度程度。25度を超えると花落ちが多くなります。マメ科のため、根には**根粒菌**が共生します。肥料として窒素分を与え過ぎると、実つきが悪くなり**つるボケ**を起こすので要注意。栽培終了後、根が土のなかに残ることで地力をアップさせてくれます。

食べる▼ 栄養素としてはカロテン、食物繊維、ミネラル（カルシウム、鉄など）が豊富に含まれています。また、美肌効果があるというアスパラギン酸が多いのも特徴です。調理法は簡単。軽く茹でて、甘みとシャキシャキとした食感を味わいましょう。

1 マルチ張り・種まき

畝にマルチを張り、植え穴を掘る。1穴に種を3粒まく。

2 間引き

本葉が出はじめたら、生育のよいもの2本を残して**間引き**をする。

3 追肥・土寄せ

つるが出はじめた頃に、**化成肥料**30g/㎡を**畝**の脇に施し、株元に軽く**土寄せ**。

4 支柱立て（つるあり種の場合）

長さ200㎝の**支柱**を1株に1本ずつ立てる。**支柱**の上部1～2カ所に、**支柱**を横に渡して固定する。つるなし種の場合は**支柱**はいらない。

5 収穫

開花後10～15日が収穫適期。ハサミで1本ずつとる。長さ12～13㎝程度で、豆の粒が目立たないものがおいしい。

藤田智の気ままな野菜学

たくさんとれたときは茹でて冷凍保存がGood！

つるなしインゲンは、収穫時期が約2週間と短期間に集中します。種まきの時期を10～14日ずらすとよいでしょう。ただし、高温期の開花はさやつきが悪くなるので気をつけましょう。いっぺんに収穫しすぎた場合は、茹でて冷凍しておくと、比較的味落ちせず食感を変えずに保存できます。

関東と関西のインゲンは違う!?

関東で好まれるのは「どじょうインゲン」と呼ばれる、長ざやで実の凸凹が目立つもの。それに対して関西では、中ざやで実があまり目立たないものが主流です。1年に3度種をまけることから、インゲンのことを「三度豆」とも呼びます。また、フジマメという同じマメ科の野菜があるのですが、関西ではこれをインゲンとも呼びます。

関東で多く出回る長ざやのケンタッキーワンダー。㋚

関西で多く出回る平ざやの赤花早生ふじまめ。

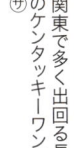

実もの

エダマメ

▼マメ科

おすすめ品種
夏の調べ
元祖茶豆。3粒ざやが多く、香りもよい。播種から約77日で収穫の極早生種。㋚

おすすめ品種
おつな姫
香りも甘みも抜群の育てやすい定番種。3粒ざやの割合が高い。㋚

おもしろ品種
黒真珠
比較的草丈が低く、倒れにくい。Ⓣ

おもしろ品種
快豆黒頭巾
さやつきが非常によく、黒豆特有のコクのある甘みが特徴。㋟

おもしろ品種
味太郎
茹で上がると茶豆特有の風味がある。食味も抜群。茶豆のなかでは早生種。㊫

おすすめ品種
湯あがり娘
茶豆風味でコクのある甘さが特徴の定番種。㋕

栽培の手順

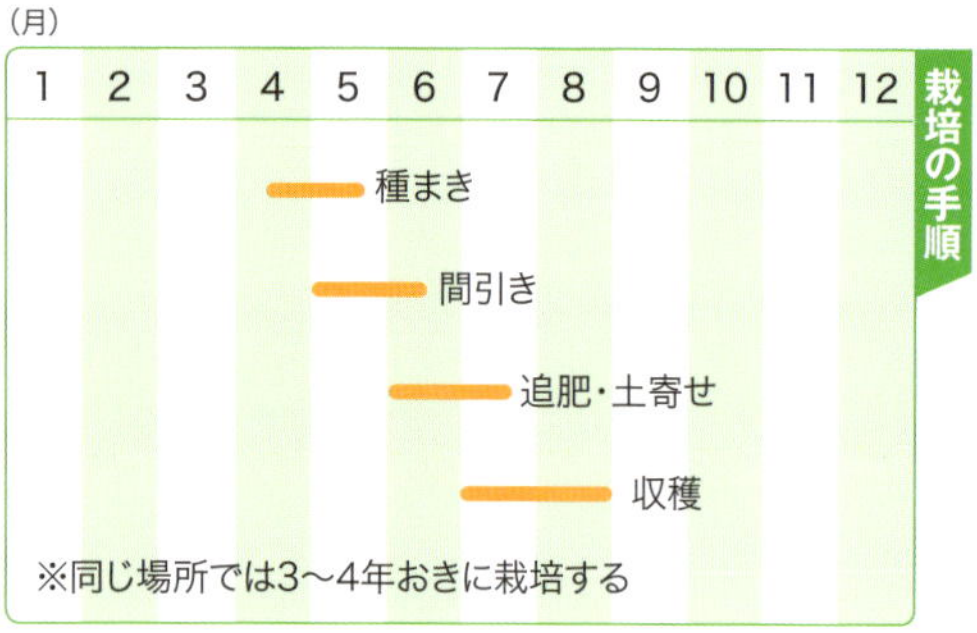

(月)
1 2 3 4 5 6 7 8 9 10 11 12
種まき
間引き
追肥・土寄せ
収穫
※同じ場所では3〜4年おきに栽培する

土づくり

- **植えつけ2週間前まで**
  苦土石灰100〜150g/㎡
- **植えつけ1週間前まで**
  堆肥2kg/㎡、化成肥料50g/㎡

スペース

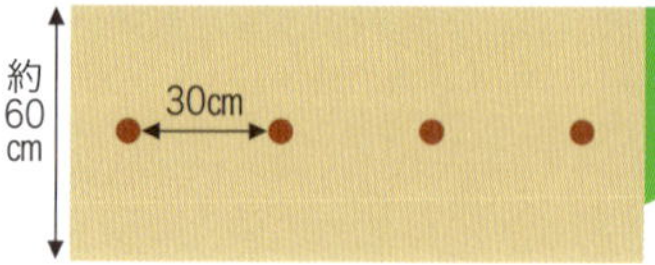

約60cm
30cm

栄養の宝庫「畑の肉」収穫したてのおいしさは格別!

知る▼ ダイズを未成熟なうちに収穫したものをエダマメといいます。原産地は中国ですが、若どりしたものを食用にしたのは日本が最初。

種まきから収穫までの期間は品種によってさまざまで、**早生**種が80〜90日後、**中生**種が90〜100日というのが目安です。

育てる▼ 生育温度は20〜25度。マメ科の野菜の特色として、根に**根粒菌**が共生するため、**窒素肥料**が少なくても育ちます。逆に肥料をやり過ぎると、葉と茎ばかりが茂って**つるボケ**を起こすので、**元肥の化成肥料**はほかの野菜の半分に抑えるのがポイント。

食べる▼ ビタミンCやカリウム、カルシウムなどが豊富。また、大豆への成長過程を食すため、タンパク質を豊富に含みます。そのほか、中性脂肪を低下させるサポニン、女性ホルモンに似た働きをするイソフラボンなども多く含みます。

1 マルチ張り

マルチを張り缶の型などを使いくぼみをつける。

2 種まき

1穴に4、5粒ほど種をまき、指で押して深さ1cmに埋め込む。

3 間引き

本葉が開きはじめたら、2本立ちにするよう**間引き**をする。

4 追肥・土寄せ

開花しはじめたら、**化成肥料**30g /㎡を**畝**の脇に施し、株元に軽く**土寄せ**。

5 収穫

品種によって収穫時期が異なるので、種袋の説明をよく読み、適期のときに収穫する。さやが膨らんで豆がはじけるぐらいが目安。

藤田智の気ままな野菜学

エダマメは「お湯をわかしてから畑に行け」!

エダマメは、昔から「茹でるお湯をわかしてから収穫に行け」といわれるほど、収穫後の鮮度の低下が早い野菜です。収穫後は、できるだけ早くさやをもいで塩茹でしましょう。甘く、コクがあり、一度食べたら忘れられないおいしさです。なお、エダマメにはアルコールから肝臓や腎臓を守る成分が多く含まれているので、「ビールにエダマメ」は理に叶ったとり合わせ。どうりでビールが止まらないわけです。

大敵はカメムシ!

エダマメ栽培の最大の敵はカメムシ。ちょうど花が咲き出す頃に発生し、さやのなかに細い口を差し込んで豆の汁を吸いとってしまいます。被害にあったさやは、外だけが大きくなり、肝心の豆は太らなくなってしまうという結果に……。カメムシ被害を防ぐには、花が咲きはじめたら防虫ネットで覆うか、スミチオン乳剤を散布して防除します。

葉もの

コマツナ

▼アブラナ科

おすすめ品種
きよすみ
生育がゆるやかなので、畑で長くもつ。萎黄病、白さび病などに強い。㋚

おもしろ品種
ちぢみコマツナ
従来のコマツナより、葉が縮んでいて、葉色が濃い。栄養価も高い。

おすすめ品種
夏楽天
葉の絡み、葉柄の折れが少なく収穫しやすい。秋まき、年内どりがよい。㋟

おもしろ品種
味彩
味を重視してつくられたコマツナ。種まき後、高温期であれば20日で収穫可。㋣

おすすめ品種
楽天
大葉で株張りがよい品種。寒さに強く、秋冬まきに最適。㋟

栽培の手順

(月)

作業	1	2	3	4	5	6	7	8	9	10	11	12
種まき・間引き・土寄せ			━	━	━	━	━	━	━	━		
追肥				━	━	━	━	━	━	━	━	
収穫				━	━	━	━	━	━	━	━	━

━ 収穫(とう立ち)

※同じ場所では1～2年おきに栽培する

土づくり

● **種まき2週間前まで**
苦土石灰100～150g/㎡
● **種まき1週間前まで**
堆肥2kg/㎡、化成肥料100g/㎡

スペース

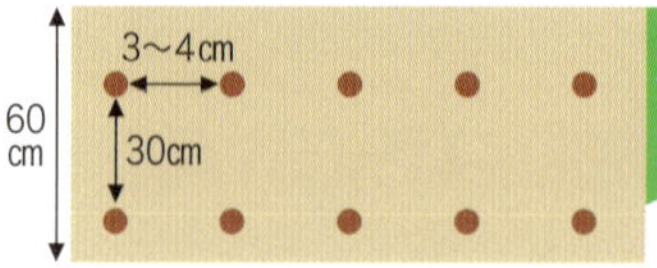

くせがない、江戸生まれの便利野菜

知る▼ コマツナは、江戸時代から、現在の東京都江戸川区小松川辺りで盛んに栽培されてきた野菜です。

江戸幕府8代将軍徳川吉宗が、この野菜を大変気に入り、地名にちなんで「小松菜」と名づけたといういい伝えがあります。

くせのない味に加え、厳寒期を除けばほぼ1年中、栽培できるため、全国に流通するようになりました。

育てる▼ 生育適温は20度前後と、冷涼な気候を好みますが、暑さにも寒さにも比較的強く、しかも半日程度の日当たりでも生育します。大きくなりすぎると葉が硬くなるので、25cm程度の大きさで収穫するように心がけてください。

食べる▼ カロテン、ビタミンC、鉄分、カリウム、カルシウムなどが豊富な健康野菜です。おひたしにしてもよし、炒めものにしてもよしと料理の幅も広く、あると重宝する野菜です。

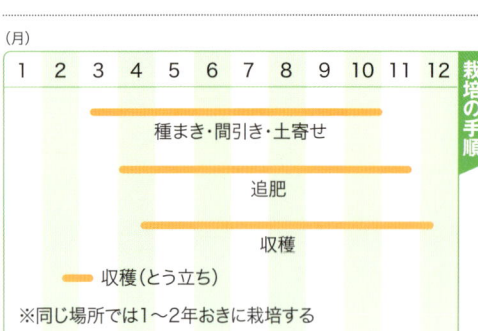

1 種まき

支柱などを使い深さ1㎝の溝をつくり、1㎝間隔ですじまきする。**覆土**したらたっぷり水をやる。

2 間引き・土寄せ

種まきの7〜10日後、**本葉**が1〜2枚出はじめたら、3〜4㎝（夏場は5〜6㎝）間隔に1本になるよう**間引き**、株元に軽く**土寄せ**。

3 追肥・土寄せ

種まきの17〜20日後、**草丈**7〜8㎝、**本葉**4枚の頃に、**化成肥料**30g/㎡を条間に**追肥**し、**土寄せ**。

4 収穫

草丈25㎝程度になったものから順次、収穫。ハサミか包丁で地際から切りとる。

5 とう立ちしたものを収穫

収穫せずに、そのままにしておくと、2月下旬〜3月上旬頃、**花芽**がついて**とう立ち**する。手で折れるところで収穫する。

藤田智の気ままな野菜学

交雑しやすいアブラナ科

「交雑」とは、違う種や品種の間で**受粉**が起き、種ができることです。アブラナ科の植物は、**交雑**しやすい性質があります。特にコマツナは、同じアブラナ科のハクサイ、アブラナ、ミズナ、チンゲンサイなどと**交雑**しやすく、できた種は、形もそっくりで見分けがつきません。

真冬でもトンネル栽培で収穫できる！

厳寒期でも、**トンネル**栽培であれば、コマツナを育てることができます。ただし、種まきから収穫までは80日。時間はかかりますが、冬のコマツナの味は絶品。ホウレンソウと同じで、低温下で育てるとうまみが増すのです。収穫前のコマツナを10日間、2度の低温下におくと、糖やビタミンCの含有量が増えるという実験結果もあります。ぜひ、試してみてください。

葉もの

ホウレンソウ

▼アカザ科

おもしろ品種
日本ほうれん草
秋まきに適した日本在来種。葉柄が長く、やや細葉。アクが少ない。㋚

おすすめ品種
アクティブ
病気に強く、まきどきが長い。とう立ちが遅いので、春〜秋の栽培に適している。㋚

おもしろ品種
イチゴホウレンソウ
北アメリカ原産のアカザ科の一年草。葉はホウレンソウで、イチゴのような小さい実がなる。葉も実も食べられる。㊋

おもしろ品種
次郎丸
葉先が尖っていて、3段の切れ込みがある。厚みのある葉肉で食感がよい。㋟

おすすめ品種
サンライト
葉が肉厚で丸みを帯びているのが特徴。とう立ちが遅く、葉数も多い。㋚

おすすめ品種
アトラス
暑さや寒さ、病気に強く、とてもつくりやすい。きわめて日もちがよい。㋚

栽培の手順

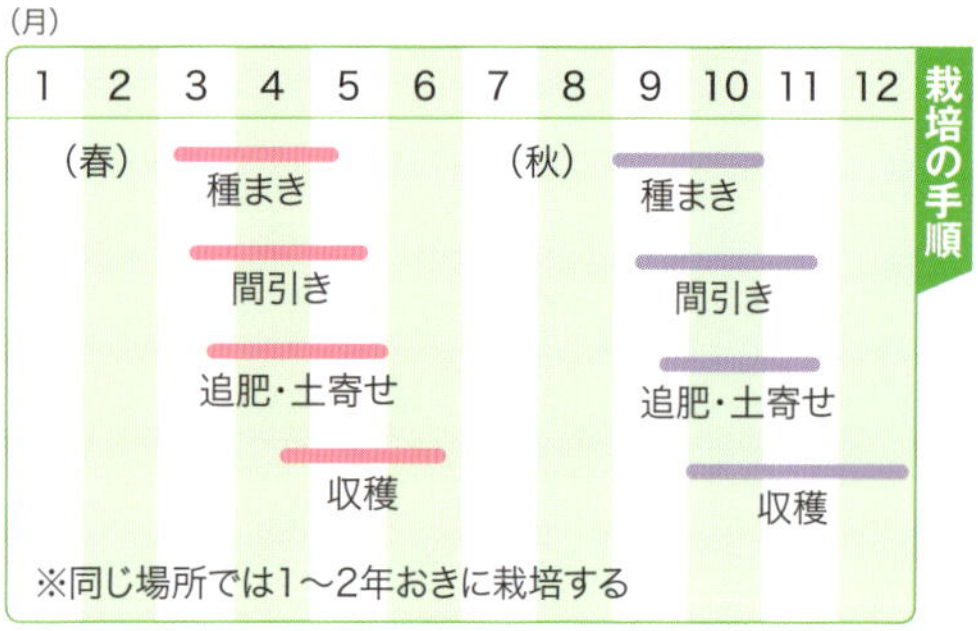

(月)
1 2 3 4 5 6 7 8 9 10 11 12
(春)
種まき
間引き
追肥・土寄せ
収穫
(秋)
種まき
間引き
追肥・土寄せ
収穫
※同じ場所では1〜2年おきに栽培する

土づくり

- **植えつけ2週間前まで**
  苦土石灰200g/㎡
  ※ほかの野菜より酸性土壌に弱いので苦土石灰は多めに入れる。
- **植えつけ1週間前まで**
  堆肥2kg/㎡、化成肥料100g/㎡

スペース

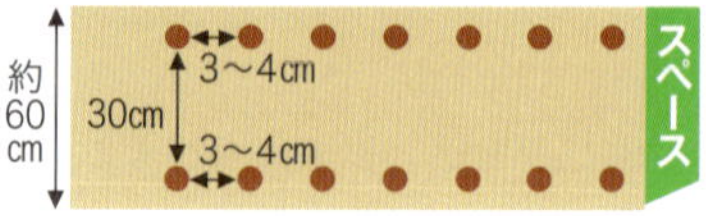

約60cm
30cm
3〜4cm
3〜4cm

栄養満点、緑黄色野菜の代表選手

知る▼ 原産地は中央アジア・カスピ海沿岸。ホウレンソウは大きくわけて、西洋種、東洋種、交配種があります。

カスピ海から欧州に広まったのが西洋種。葉全体が丸く厚みがあって濃緑、種が丸いのが特徴。

東洋種はカスピ海からネパール、中国を経て改良されて日本に伝わりました。種に角《つの》、葉に深い切れ込みがあり軸が赤いのが特徴。交配種は西洋種と東洋種をかけあわせたものです。

育てる▼ 耐寒性が極めて強く、マイナス10度という低温にも耐えます。一方、25度以上になると発育は不良になり、べと病などにもかかりやすくなります。長日条件下では**とう立ち**しやすいので、春まきの場合は専用の品種を選ぶとよいでしょう。

食べる▼ 栄養価はとても高く、ビタミンB2、カロテン、カリウム、鉄分、カルシウムなどを豊富に含みます。

1 種まき

支柱などを使い深さ1㎝のまき溝をつくり、1㎝間隔ですじまきする。**覆土**して、軽く手で押さえ、たっぷりと水をやる。

2 間引き

双葉が完全に開いたら、3〜4㎝間隔になるように**間引き**、株元に軽く**土寄せ**。

3 追肥・土寄せ

草丈7〜8cmになったら、条間に**化成肥料**30g/㎡を施し、株元に軽く**土寄せ**。

4 収穫

春まきの場合は、種まきから30〜40日が収穫適期。地際からハサミで切りとる。秋まきの場合は種まきから30〜50日が収穫適期。

藤田智の気ままな野菜学

甘〜い！ 寒締めホウレンソウ

ホウレンソウは寒さに強く、生育は0度で止まりますが、マイナス10度まで耐えます。低温になるとホウレンソウには自己防衛能力が働き、葉が凍らないよう、水分を減らし、糖度を高めます。この性質を利用して、収穫間際のホウレンソウを数日間、わざと低温に当てて育てたものが寒締めホウレンソウ。甘み、ビタミンC、うまみがぐんと増します。

温度によって性転換する？

ホウレンソウは雌雄異株植物。花茎が伸びはじめると、雄株は茎の先に、雌株は葉のつけ根に花を咲かせます。さらにおもしろいのは、ある温度を超えると雌雄が転換すること。実験で、30度以上ではすべてが雄株に、0度以下ではすべてが雌株になることがわかりました。とり遅れたホウレンソウを観察してみましょう。

葉もの

レタス

▼キク科

おすすめ品種
オリンピア
耐暑性、耐病性に優れていて夏につくるのにも適した品種。極早生種。㋯

おすすめ品種
レッドファイヤー
赤葉種。サラダにちょっと彩りがほしいときに便利。㋟

おもしろ品種
チマサンチュ
焼き肉に欠かせないレタス。赤葉のものもある。㋟

おもしろ品種
ケルン
茎の皮をむいて、炒めものや、茹でてサラダに。コリッとした食感。別名「ヤマクラゲ」。㊧

おすすめ品種
リバーグリーン
甘みが強く、肉厚で歯切れがよい。サラダのほか、煮もの、炒めものにも適する。すそ枯病やチップバーンに強い。㋚

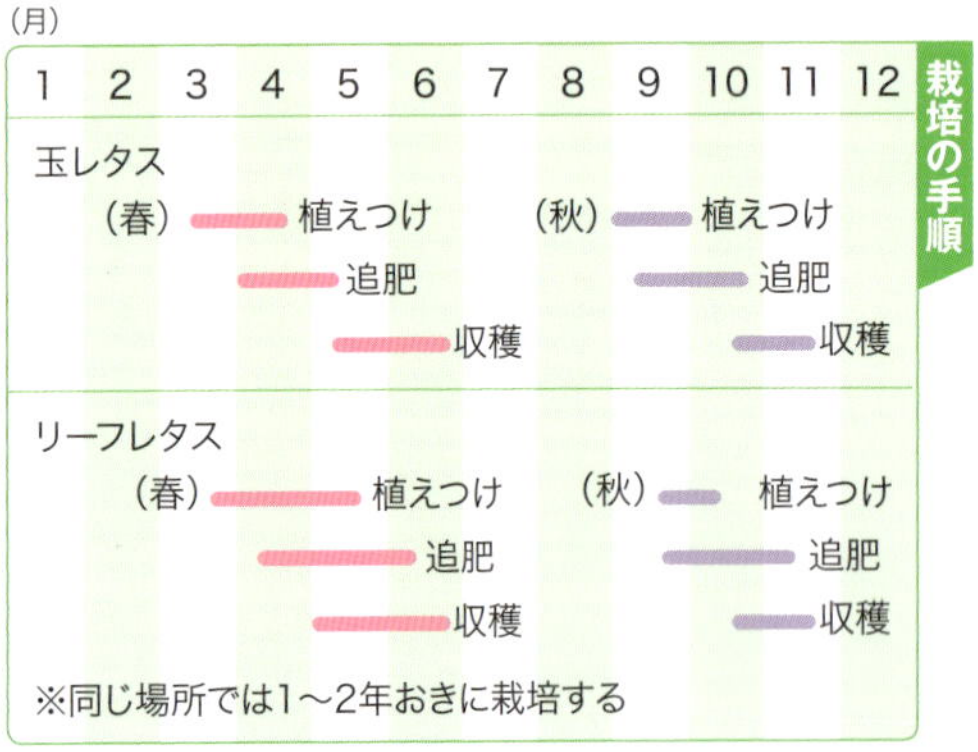
栽培の手順
(月)
1 2 3 4 5 6 7 8 9 10 11 12
玉レタス
(春) 植えつけ
追肥
収穫
(秋) 植えつけ
追肥
収穫
リーフレタス
(春) 植えつけ
追肥
収穫
(秋) 植えつけ
追肥
収穫
※同じ場所では1～2年おきに栽培する

土づくり

- **植えつけ2週間前まで**
  苦土石灰100g/㎡
- **植えつけ1週間前まで**
  堆肥2kg/㎡、化成肥料100g/㎡

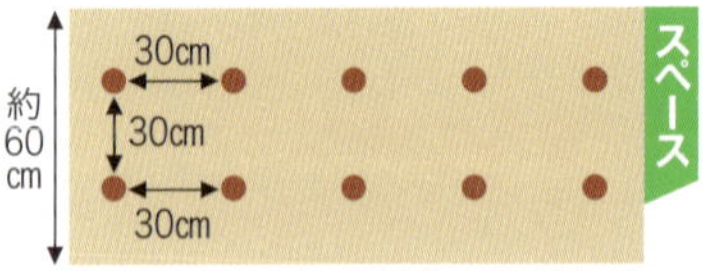
スペース
約60cm
30cm
30cm
30cm

サラダに欠かせない野菜 色も形も種類豊富

知る▼ 原産地は地中海沿岸から中近東。草姿に、さまざまな種類がみられるのが特徴で、結球する玉レタス、半結球のサラダナ、非結球のリーフレタス、立ち性のコスレタス、茎を食用とするステムレタスなどがあります。

育てる▼ 生育適温は15～20度ぐらいで、冷涼な気候を好みます。春植え、秋植えの両方で育てることができ、比較的、害虫もつきにくく育てやすい野菜です。

リーフレタスやチマサンチュなど、非結球の種類は、**植えつけ**から約30日程度で収穫できます。

ただし、長日条件下では**とう立ち**しやすいので、ベランダや玄関など、街灯があたりやすいところでの育苗・栽培は避けたほうがよいでしょう。

食べる▼ そのほとんどが水分で栄養素は多くはありませんが、カロテン、ビタミンC、ビタミンE、カリウム、鉄などをバランスよく含んでいます。

1 植えつけ

畝の中央に植え穴を掘り、たっぷりと水を注ぐ。苗を**植えつけ**、株元を軽く押さえる。

2 追肥・土寄せ

株間に**化成肥料**をひとつまみ施し、株元に軽く**土寄せ**。

3 収穫

玉レタスの場合、手で玉をさわり、硬くしまっていたら収穫適期。外葉を1～2枚つけて、包丁で地際から切りとる。リーフレタスの場合は、外側の大きくなった葉から順にかきとってもよい。

藤田智の気ままな野菜学

和名「萵苣（ちしゃ）」の由来は？

レタスの和名は「萵苣」。由来は、レタスを切りとると出る白い汁。これが「乳」のようにみえることからレタスは「乳草（ちちぐさ）」とも呼ばれます。これが訛って「ちしゃ」になったといわれています。

この白い汁の正体は、「ラクチュコピクリン」というポリフェノールの一種。舌を噛みそうな名前ですが、食べても無害。むしろ、食欲を増進させる作用や、肝臓、腎臓の働きを活発にする効果があります。ただし、この白い汁は、空気に触れると酸化して赤い色に変わります。みた目がよくないので、収穫したあとは、ふきとっておくとよいでしょう。また、鉄に触れても酸化するので、切るときは手でちぎるのがおすすめです。

葉もの

シュンギク

▼キク科

おすすめ品種

➡きわめ中葉春菊

中葉種。耐寒性に優れていて、側枝がよく伸びる。摘みとりで収穫する品種。㋟

おすすめ品種

➡菊次郎

中葉種。石灰欠乏症に強い。株の形が揃って品質がよい。㋟

おもしろ品種

⬆サラダ春菊

大葉系のシュンギク。丸葉で、えぐみ、苦みが少なく、生でも食べられる。㊥

おもしろ品種

⬇菊之助

大葉系のシュンギク。葉は切れ込みが少ない丸葉。肉厚で苦みが少ない。㋟

おもしろ品種

⬆おきく3号

節間が短く、側枝がよく伸びるタイプ。茎の空洞発生が少ない。㋯

栽培の手順

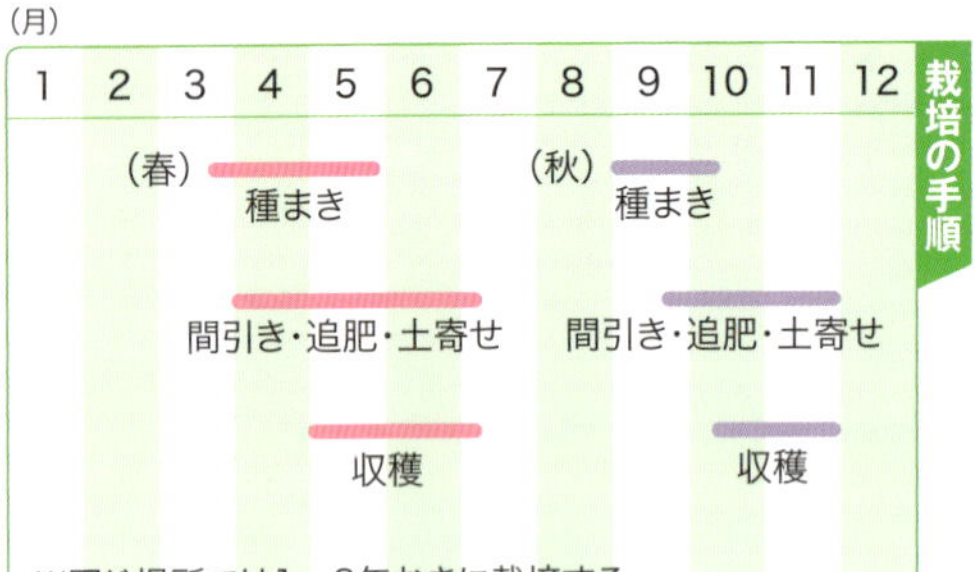

(月)
1 2 3 4 5 6 7 8 9 10 11 12
(春) 種まき
(秋) 種まき
間引き・追肥・土寄せ
間引き・追肥・土寄せ
収穫
収穫

※同じ場所では1～2年おきに栽培する

土づくり

- **種まき2週間前まで**
  苦土石灰150g/㎡
- **種まき1週間前まで**
  堆肥2kg/㎡、化成肥料100g/㎡

スペース

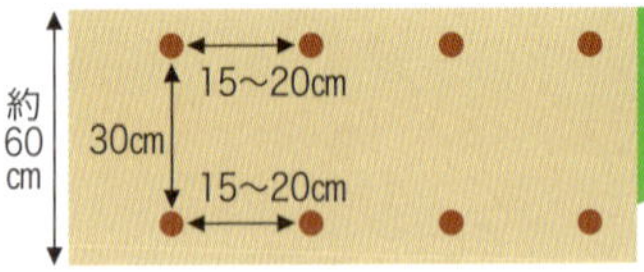

15～20cm
30cm
15～20cm
約60cm

ほろ苦く冬の鍋ものに独特の風味を添える

知る▼ 独特の苦み、風味のあるシュンギクは、地中海沿岸地域に分布するキク科の植物がルーツ。東アジアでは野菜として食していますが、原産地やヨーロッパでは主にガーデニングなどで観賞用として使われます。また、シュンギクは日本国内でも、地域によって収穫法が違います。関東地方では茎の先端部分を摘みとる収穫法が主流ですが、西の地方では株を大きく育て、株ごと抜きとる収穫法が主流。それぞれの収穫法に向く種類が栽培されています。

育てる▼ 生育適温は15～20度と、冷涼な気候を好みます。4～5月と9～10月が栽培適期。ただし、春まきは、**とう立ち**しやすいので、秋のほうが育てやすいといえます。

食べる▼ カロテンの含有量が多く、ホウレンソウに匹敵するほど。そのほか、ビタミンC、鉄分なども多く含まれています。

1 種まき

条間30㎝の2条に、1㎝間隔ですじまきする。**覆土**は薄くして、軽く上から押さえ、たっぷりと水をやる。

2 間引き・土寄せ

種まきの7～10日後、**双葉**が完全に開いたら3㎝間隔になるように**間引き**、株元に軽く**土寄せ**。

3 間引き・追肥・土寄せ

本葉3～4枚になったら、5～6㎝間隔になるように**間引き**、条間に**化成肥料**30g/㎡を施し、株元に軽く**土寄せ**。

4 間引き・追肥・土寄せ

種まきから5週間後、**株間**15～20㎝になるように**間引き**、条間に**化成肥料**30g/㎡を施し、株元までしっかり**土寄せ**。

5 収穫

草丈30㎝程度に成長したら手で折って収穫。下葉を2～3枚残すと、**わき芽**が伸びてまた収穫できる。収穫後は**化成肥料**30g/㎡を施す。

藤田智の気ままな野菜学

大葉、中葉、小葉、スティックと種類豊富なシュンギク

シュンギクは、葉の大きさと形によって、大葉種、中葉種、小葉種の3種類に分けられます。大葉種は、主に九州や中国地方で好まれ、「おたふくシュンギク」とも呼ばれます。葉に切れ込みが少ない丸い形が特徴。肉厚で柔らかく香りが比較的穏やかなので生でも食べられます。

一方、もっとも多く栽培されているのは中葉種。葉の切れ込みが大葉種よりも大きいのが特徴です。株立ちタイプと株張りタイプにわけられ、株立ちタイプは摘みとり収穫に、株張りタイプは抜きとり収穫に向きます。

小葉種はとう立ちしやすく、現在はあまり育てられていません。最近では、株張りせずに、ひとつの種から1本のシュンギクが育つスティックシュンギクも出回るようになってきました。柔らかいうちに下葉をとって、サラダでも食べられます。

スティックシュンギク

葉もの

ミズナ

▼アブラナ科

おすすめ品種
千筋キョウナ
寒さに強く、育てやすい。ミネラル、ビタミン豊富でサラダにしてもよい。㋚

おすすめ品種
早生水天
生育が早く、つくりやすい。低温期でもよく成長する。㋚

おすすめ品種
京みぞれ
切れ込みが多く、細い葉が特徴。生育は比較的ゆっくり。小株向き。㋟

おもしろ品種
サラダ用京水菜
シャキシャキとした歯ごたえが魅力。小株どりでサラダにも使えるが、大株としても育てられる。Ⓣ

おもしろ品種
緑扇２号
軸は純白で、葉の色が濃い広茎京菜。寒さに強い。㋚

おもしろ品種
京錦
ミズナの変種、ミブナ。葉に切れ込みがなく、丸葉が特徴。大株にするのがおすすめ。㋟

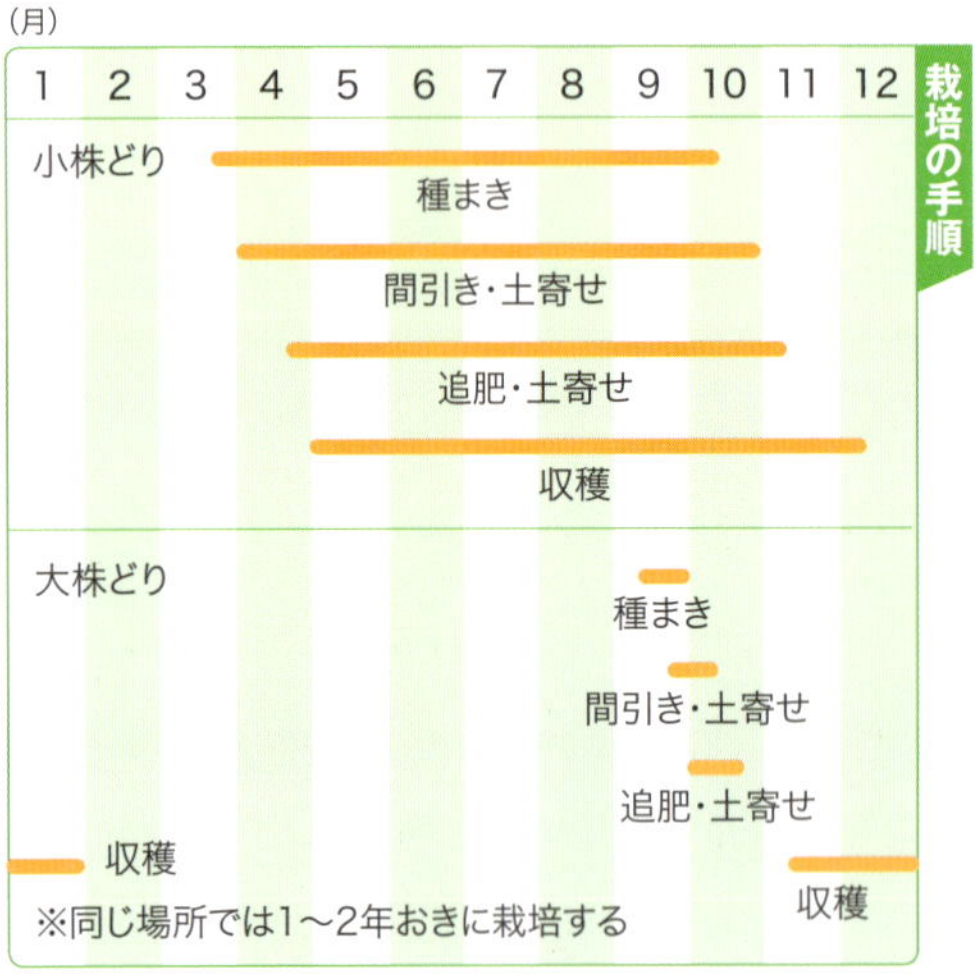

土づくり
- 種まき２週間前まで
苦土石灰100〜150g/㎡
- 種まき１週間前まで
堆肥2kg/㎡、化成肥料100g/㎡

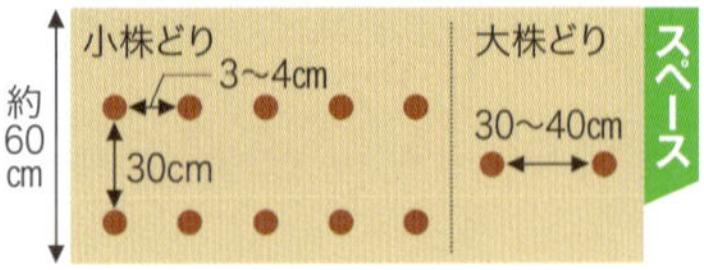

シャキシャキとした歯ごたえが魅力の京野菜

知る▼ ミズナは漬け菜の一種。漬け菜とは、主に葉の部分を食用にする葉菜類の総称です。奈良時代に中国から渡来したものが全国に広がる過程で多くの品種に分化してきました。畝間に水を引き込んで栽培していたことから、京都では「ミズナ」、一方、ほかの地域では、主に京都で育てられていることから「キョウナ」と呼んでいます。

育てる▼ 生育温度は15〜20度と、冷涼な気候を好みます。若くて柔らかい葉をサラダで楽しむには小株がおすすめ。京都では、大株に育てて鍋や漬けものにするのが主流。大株に育てる場合は、秋に種をまき、**本葉**2〜3枚の頃、**株間**30cm〜40cmで植えつけます。

食べる▼ カロテン、ビタミンC、カルシウム、鉄分などが豊富。関西でおなじみのミズナとクジラ肉だけでつくる「はりはり鍋」は、ミズナのシャキシャキした食感からつけられた名前です。

1 種まき

小株どりは条間30㎝の2条に、1㎝間隔ですじまきする。大株どりは**株間**30～40㎝で7～8粒ずつ点まきする。**覆土**したらたっぷり水やりをする。

2 間引き・土寄せ

小株どりの場合、**本葉**が少し出はじめたら、3～4㎝間隔に1本になるよう**間引き**、株元に軽く**土寄せ**。

3 追肥・土寄せ

草丈7～8㎝になったら、**化成肥料**30g/㎡を条間に**追肥**し、**土寄せ**。

4 収穫

草丈30㎝程度になったものから順次、収穫。ハサミで地際から切りとる。

藤田智の気ままな野菜学

ミズナは肉類や魚の臭みを消す効果も

ミズナには、抗菌作用があるといわれる「アリルイソチオシアネート」という成分が含まれています。アリルイソチオシアネートは、魚や肉の臭みを抑える作用があります。カモ、クジラ、カキなど、においが強いものと一緒に入れて鍋にするのは、ミズナの抗菌作用、消臭効果を活かした知恵だといえます。

成長期の間引きと水やりがポイント

ミズナは子葉の胚軸が細く、密植された状態では徒長する性質があります。発芽したら早めに**間引き**を行って、**株間**をあけるのがうまく育てるコツ。高温期は害虫被害が出やすいので防虫ネットなどで覆うとよいでしょう。

葉もの

ブロッコリー

▼アブラナ科

おすすめ品種

ハイツSP

定植から収穫まで約65日の中早生種。側花蕾もよくとれる。㋟

おすすめ品種

緑嶺

頂花蕾と側花蕾がとれる品種。べと病や黒腐れ病に強い。㋚

おすすめ品種

ピクセル

種まきから約90日で収穫できる早生種。花蕾は大型でしまりがよい。㋚

おもしろ品種

陽麟

ドーム型の、形のよい花蕾ができる品種。Ⓣ

おもしろ品種

スティック セニョール

根張りがよく、暑さにも強いのでつくりやすい。頂花蕾を早く摘み、主にわき芽を食べる。㋚

おもしろ品種

里緑

耐暑性に優れた、つくりやすい品種。極早生種。㊮

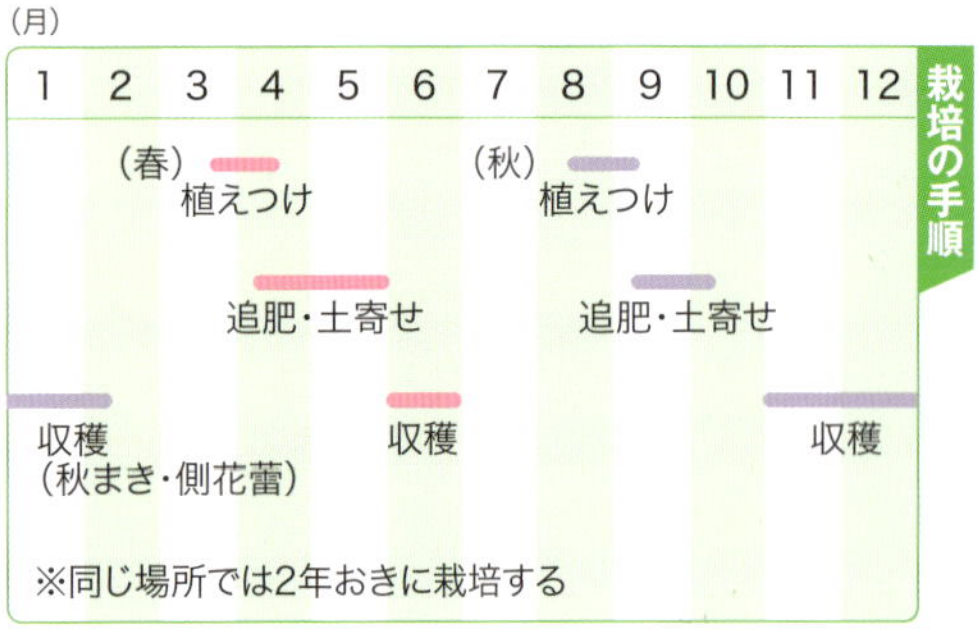

栽培の手順
(月)
1 2 3 4 5 6 7 8 9 10 11 12
(春) 植えつけ
(秋) 植えつけ
追肥・土寄せ
追肥・土寄せ
収穫 (秋まき・側花蕾)
収穫
収穫
※同じ場所では2年おきに栽培する

土づくり

- **植えつけ2週間前まで**
  苦土石灰100～150g/㎡
- **植えつけ1週間前まで**
  堆肥2kg/㎡、化成肥料100g/㎡

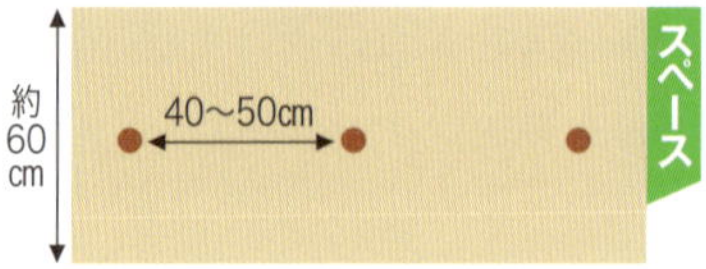

スペース
約60cm
40～50cm

開花前の花蕾には、栄養がぎっしり

知る▼ 原産地は地中海沿岸地域。アブラナ科のキャベツの仲間で、花を食用にするものがイタリアで品種改良され、現在のような形になったとされています。

主枝の中心部にできる「頂**花蕾**」と、頂花蕾を収穫したあとにできる「側**花蕾**」を食用にします。現在、日本で栽培・流通しているもののほとんどはF_1種です。

育てる▼ 生育適温は15～20度。ブロッコリーは生育初期に極端な低温にあうと、早くから**花芽**ができて**花蕾**が大きくならないことがあります。これを「ボトニング」といいます。

特に春植えを行う場合、春植えが可能か、ボトニングを起こしにくい品種かを確認しましょう。

食べる▼ **花蕾**は、小さな蕾がびっしりと集まったもの。カロテン、ビタミンC、カリウム、食物繊維などが豊富に含まれています。また、葉酸も多く、動脈硬化予防、貧血予防に効果が期待できます。

1 植えつけ

植え穴を掘り、穴に水を注ぐ。水が引いたら苗を**植えつけ**、株元を軽く押さえたっぷり水をやる。

2 追肥・土寄せ

植えつけから３週間ほどしたら、**株間**に**化成肥料**30g/㎡を**追肥**。株元に**土寄せ**。

3 追肥・土寄せ

植えつけから5～6週間ほどしたら、2回目の**追肥**。**畝の**肩に**化成肥料**30g/㎡を施し、**土寄せ**。

4 収穫

頂**花蕾**の直径が15㎝ほどになったら収穫適期。茎を10～15㎝つけて、包丁またはハサミで切りとる。とり遅れると開花して味が落ちるので注意。

5 側花蕾の収穫

頂**花蕾**をとったあとも、茎と葉のつけ根から、側**花蕾**が次々と出てくる。直径5㎝ほどになったら順次収穫。

藤田智の気ままな野菜学

紫色になった花蕾は食べられる？

ブロッコリーの**花蕾**の一部が紫色に変色することがあります。これは食べないほうがよいのでしょうか。答えは「NO」。食べても問題はありません。アブラナ科の植物は、低温にあたると葉や茎、蕾の表面にアントシアニン（赤紫系の色素）が集まり、色が変わることがあります。これは植物が寒い時期に向かうときの自然な反応。アントシアニンは熱に弱いので、茹でると紫色は消え、緑色に戻ります。

根もの

ジャガイモ

▼ナス科

おすすめ品種
インカのめざめ
しっとりタイプの人気品種。濃い黄色と強い甘みが特徴で「アンデスの栗ジャガ」とも。㋟

おもしろ品種
シャドークイーン
長時間茹でると、色素が落ちるのでサラダで食べるのがおすすめ。㋟

おもしろ品種
レッドムーン
ねっとりした甘みが特徴。赤皮品種で花の色も赤紫。㋚

おもしろ品種
ノーザンルビー
皮だけでなく、なかも赤い品種。しっとりタイプ。㋟

おすすめ品種
キタアカリ
小粒で、ホクホクタイプ。ほんのりした甘さで調理の幅も広い。㋟

おすすめ品種
ダンシャク
ジャガイモの代名詞ともいえる品種。広い地域で栽培可能。㋟

栽培の手順

(月) 1 2 3 4 5 6 7 8 9 10 11 12

	（春）	（秋）
植えつけ	2〜3月	8〜9月
芽かき・追肥・土寄せ	4〜5月	9〜10月
収穫	6月	11〜12月

※同じ場所では2〜3年おきに栽培する

土づくり

- 植えつけ2週間前まで
  苦土石灰100〜150g/㎡
  ※pH6.0以上の場合は、石灰は散布しなくてよい。
- 植えつけ1週間前まで
  堆肥2kg/㎡、化成肥料100g/㎡

スペース

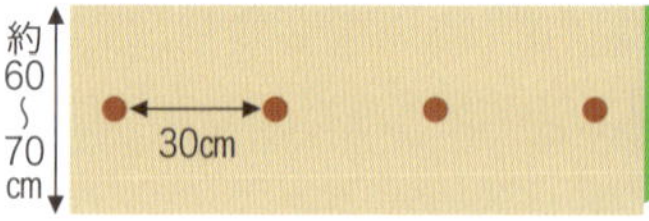

春の菜園を飾るトップバッター

知る▼ 原産地は南米アンデス高地。16世紀にオランダの商船によって、インドネシア・ジャワ島のジャガタラ（現在のジャカルタ）から長崎に渡ってきたとされていて、これが名前の由来になったともいわれます。

ここ数年で、品種が一気に豊富になりました。

育てる▼ 涼しい気候を好みます。寒冷地以外では春秋に**植えつけ**可能ですが、秋植えは**植えつけ**適期が1週間〜10日と短く、タイミングを逃さないことがポイントです。

また、芽かきをしないとイモの数は増えますが、ひとつひとつが小さくなります。あまり小さいものは「ソラニン」という有毒物質を含み、食用に向きません。

食べる▼ 食物繊維、ビタミンB_1、B_2、カリウムなどを豊富に含みます。ビタミンCの含有量も多く、フランスでは「大地のリンゴ」とも呼ばれます。

※ジャガイモは「地下茎」を食用にしますが、本書では「根もの」のページで紹介しています。

1 タネイモの準備

春ジャガは2月下旬～3月、秋ジャガは8月中旬～9月上旬に、タネイモを準備。ウイルス病に感染していない無病のタネイモを種苗店などで購入する。**植えつけ**前に1片が30～40gになるように、芽が多くついているほうを上にして縦に切る。

2 植えつけ

タネイモの切り口が乾いているかを確認し、切り口を下に向けて置く。イモとイモの間に**堆肥**を移植ゴテで2杯分を置く。さらにその上に**化成肥料**をひと握りずつ置く。イモの上に6～7cm**覆土**する。水やりはしなくてよい。

3 芽かき

芽が3～4本出てきて10～15cmになったら、1株につき、勢いのよいもの1～2本を残して引き抜く。

4 追肥・土寄せ

芽かき後、株元に**化成肥料**30g/㎡を施し、株元に軽く**土寄せ**。

5 追肥・土寄せ

4から2～3週間後、**畝**の**肩**に**化成肥料**30g/㎡を施し、イモが土の表面に出ないように株元に**土寄せ**。

6 収穫

茎葉が黄色くなってきたら収穫。株元から20～30cm離れたところにスコップを入れて掘り上げる。できれば晴天が2日以上続いて土が乾いているときに収穫する。掘り上げたら水洗いせず、風通しのよいところで乾かす。

藤田智の気ままな野菜学

子イモは親イモの上にできる

ジャガイモは、土のなかでどのように実をつけるかご存知でしょうか。じつは、子イモは親イモよりも上の部分にできるのです。そのため、ジャガイモがだんだん太りはじめると、一部が土の表面に顔を現すことがあります。露出した部分に日が当たると緑色に変色し、有毒物質のソラニンがつくられます。土の表面にイモが顔を出さないように、しっかりと株元に**土寄せ**をしましょう。

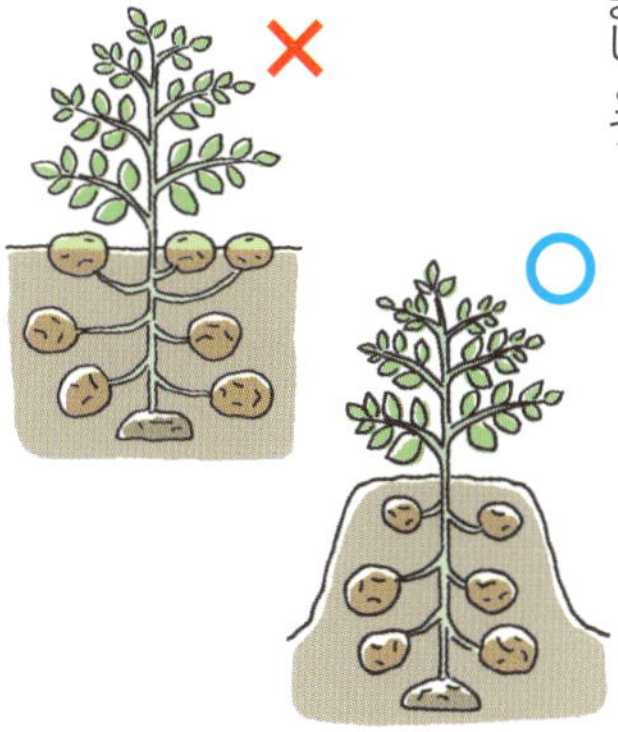

根もの

ニンジン

▼セリ科

おすすめ品種
ベターリッチ
病気に強く生育旺盛で、つくりやすい。甘みが強く、ニンジン独特の香りも少ないため食べやすい。

おすすめ品種
紅あかり
暑さ、寒さ、病気に強い。裂根が少なく育ちもよい。㋚

おもしろ品種
パープルヘイズ
紫色の品種。味にクセがなく、サラダにしてもおいしい。とう立ちが遅い。㋚

おもしろ品種
ワンディッシュ
丸い形、ピンポン玉のサイズで一口で食べられる。においも少なく食べやすい。㊄

おもしろ品種
ピッコロ
根の長さが10～12㎝と小さめ。甘み、水分が多く、生でも食べられる。㋟

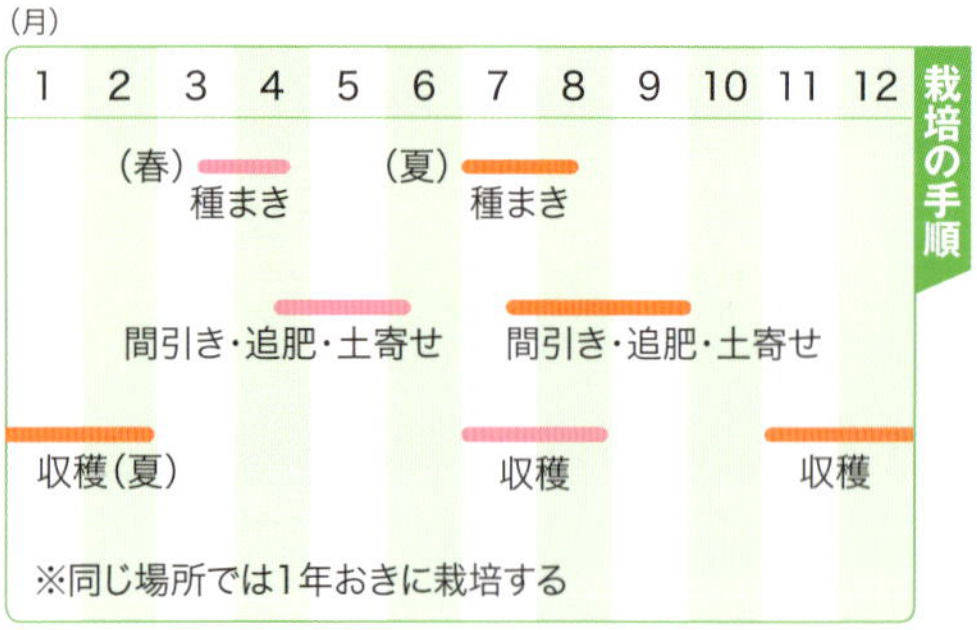

栽培の手順
(月)
1 2 3 4 5 6 7 8 9 10 11 12
(春) 種まき
(夏) 種まき
間引き・追肥・土寄せ
間引き・追肥・土寄せ
収穫(夏)
収穫
収穫
※同じ場所では1年おきに栽培する

土づくり
- 種まき2週間前まで
  苦土石灰100～150g/㎡
- 種まき1週間前まで
  堆肥2kg/㎡、化成肥料100g/㎡、ヨウリン50～60g/㎡

スペース

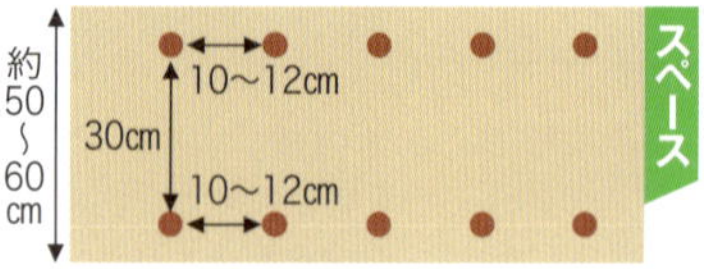

約50～60㎝
30㎝
10～12㎝
10～12㎝

カロテンたっぷり、緑黄色野菜の王様

知る▼ 原産地は中央アジア。そこから大きくふたつに分かれました。ひとつは中国で成立した「東洋種」で根が長く色が多彩なのが特徴。もうひとつは欧州に渡って分化した「西洋種」。根が短くつくりやすいため、現在市場に出回るものの大部分を占めています。

育てる▼ 生育適温は15～20度と冷涼な気候を好みます。生育初期は暑さ、寒さには強いものの、成長してから高温にあたると病害虫にやられやすくなります。

ニンジンは発芽までが勝負。**好光性種子**なので**覆土**は薄く、また乾燥に弱いので保水に努めます。

食べる▼ 英名「carrot」は「カロテン」の語源。名のとおり、カロテンが豊富。カロテンは脂溶性なので、油と一緒に調理すると吸収率が高まります。

また、体内でビタミンAに変わり活性酸素の働きを抑えるため、ガン予防、免疫力アップなどに効果があります。

1 種まき

条間30cmで、深さ1cmのまき溝をつくる。種を1cm間隔でまき、5mm程度に薄く**覆土**し、水をやる。発芽まで水分を保つのがコツ。

2 間引き

双葉が完全に開いたら、生育のよいものを残し、3cm間隔になるよう**間引き**、株がぐらつかないように、株元に軽く**土寄せ**。

3 間引き・追肥・土寄せ

本葉2～3枚の頃に、6cm間隔になるよう**間引き**、**畝**の肩に**化成肥料**30g/㎡を施し、株元に軽く**土寄せ**。

4 間引き・追肥・土寄せ

本葉が6～7枚になったら、10～12cm間隔になるよう**間引き**、**畝**の肩に**化成肥料**30g/㎡を施し、株元に軽く**土寄せ**。

5 収穫

地上部に出ている部分の直径が4～5cmになったら収穫適期。葉をもって引き抜く。

藤田智の気ままな野菜学

ニンジン栽培を必ず成功させるには

ニンジンは結構デリケートな野菜です。ただし、ポイントさえ間違えなければどんな人でもほぼ確実においしいニンジンを収穫できます。まず、ニンジンは**好光性種子**。読んで字のごとく、光を好む、つまり光がよく当たらないと発芽しないのです。そのため、種まき後の**覆土**は薄く行います。十分な水やりも欠かせません。次に重要なのは、しっかりと雑草をとること。雑草が多く育って光がさえぎられると、発芽しないことがあります。さらに、定期的な**間引き**をしっかりと行えば、ニンジンはすくすくと育っていくはずです。

葉は栄養の宝庫

ニンジンの葉には栄養がたっぷり含まれています。カロテン以外の栄養素は、ニンジン本体よりも高いほどです。野菜づくりをはじめてニンジンの葉を食べるようになったら、花粉症が治まったという話を聞いたこともあります。和えものやおひたしにすれば独特の香りを楽しめますし、天ぷらなどにすればもう最高です。

根もの

ダイコン

▼アブラナ科

おすすめ品種

➡YR早生おでん大根

萎黄病、ウイルス病に強い。肉質はやや硬めで、名前のとおりおでんに最適。㊥

おもしろ品種

➡雪美人

辛みの強いミニダイコン。極早生種。プランター栽培にも向く。㋚

おすすめ品種

⬅冬美人

低温期でもよく肥大する。伸張性もよく、形のよい総太り型。㋕

おすすめ品種

➡葉根っ子

根の長さ20～22㎝。根はもちろん、葉もおいしい。肉質は柔らか。㊎

おもしろ品種

⬆ころっ娘

根の長さ20㎝ほど。1回の調理で使い切れる手軽さが便利。㋚

おもしろ品種

↗葉美人

生育期間が短く、つくりやすい。幅広い期間栽培できる。葉を利用する。㋚

栽培の手順

(月)

1	2	3	4	5	6	7	8	9	10	11	12
	（春）		種まき			（秋）	種まき				
			間引き・追肥・土寄せ				間引き・追肥・土寄せ				
					収穫					収穫	

※同じ場所では1～2年おきに栽培する

土づくり

- 種まき2週間前まで
  苦土石灰100～150g/㎡
- 種まき1週間前まで
  堆肥2kg/㎡、化成肥料100g/㎡

スペース

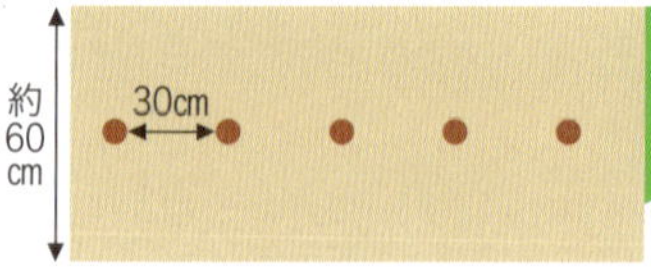

日本が世界に誇る国民的野菜

知る▼ 古代エジプトでも栽培されていたといわれる野菜で、日本には中国を経て渡来。『古事記』にも「おほね（大根）」の記述があることから、1300年前には伝わっていたと考えられます。

ダイコンは、生産量、消費量とも日本が世界で一番。日本人にとって最もなじみの深い野菜だといえるでしょう。

育てる▼ 生育適温は17～20度と冷涼な気候を好みます。

ただし、10度以下になると**花芽**分化を起こし根が太らなくなるので、種まきの適期を逃さないことがポイント。「又根」にならぬよう、土をよく耕すことも大切です。

食べる▼ 根には、消化酵素ジアスターゼが多く、消化不良や胃もたれを防ぐ効果があります。また、辛み成分のイソチオシアネートも、食欲増進効果のある栄養素。葉にはカロテン、ビタミン類、食物繊維が豊富です。

1 種まき

空き缶などで深さ1㎝の穴をつくり、1穴に4～5粒ほど種をまく。**覆土**したら、軽く手で押さえ、土が隠れるぐらい**もみがら**を乗せ、たっぷり水をやる。

2 間引き・土寄せ

双葉が出たら、生育のよいもの3本を残して**間引き**、株元に軽く**土寄せ**。

3 間引き・土寄せ

本葉2～3枚の頃に、1穴につき2本になるよう**間引き**、**株間**に**化成肥料**30g/㎡を**追肥**し、株元に**土寄せ**。

4 間引き・追肥・土寄せ

本葉が6～7枚になったら、小さい株を引き抜いて大きい株1本にする。**畝の肩**に**化成肥料**30g/㎡を**追肥**し、株元に**土寄せ**。

5 収穫

青首ダイコンの場合、地上部が15㎝以上露出したら収穫適期。直径6～7㎝のものを葉の根元をもって一気に引き抜く。

藤田智の気ままな野菜学

演技のヘタな役者を「大根役者」と呼ぶワケは？

昔から、演技がヘタで、当たり役のない役者のことを「大根役者」といいますね。でも、なぜ、「大根」なのでしょうか。ダイコンは、ジアスターゼという消化酵素が含まれているため、生で食べても、調理して食べても、決して「食あたり」を起こしません。そのことから、「何をやっても当たらない」→「大根役者」というようになったという説があります。

品種の多様性は世界トップクラス！

日本のダイコンの品種は数百種あるといわれます。小さな「ハツカダイコン」から全長120㎝を超えるほどの「守口ダイコン」、巨大に太った「桜島ダイコン」。その多様性は、国際的な学会で海外の学者を一様に驚かせるほど見事なもので、世界でも類をみません。それほど、日本の気候や食文化に適していたため、昔から盛んに栽培されてきたのですね。

守口ダイコン。

根もの

カブ

▼アブラナ科

おすすめ品種
五郎丸
中カブ品種。耐寒性が強く、低温でもよく育つ。肉質柔らか。㋯

おすすめ品種
CR味太鼓
大カブ品種でうまく育てると2kgにもなる。根こぶ病に耐性がある。㊈

おすすめ品種
玉波
小カブから根径12～13cmほどの中カブになる。春夏秋まきができ、ウイルスやべと病にも強い。㋚

おもしろ品種
あやめ雪
玉の揃いがよく、裂根が少ない。紅白の彩りが美しく食感のよい品種。㋚

おもしろ品種
本紅丸かぶ
皮は赤くなかは白い。肉質は緻密、甘みがある。酢漬けや漬けものにあう。㋚

栽培の手順

(月) 1 2 3 4 5 6 7 8 9 10 11 12

（春）種まき：3月中旬～4月
間引き・追肥・土寄せ：3月下旬～5月
収穫：5月～6月上旬

（秋）種まき：9月～10月
間引き・追肥・土寄せ：9月中旬～11月中旬
収穫：10月中旬～12月

※同じ場所では2年おきに栽培する

土づくり

- **種まき2週間前まで**
  苦土石灰150g/㎡
- **種まき1週間前まで**
  堆肥2kg/㎡、化成肥料100g/㎡

スペース

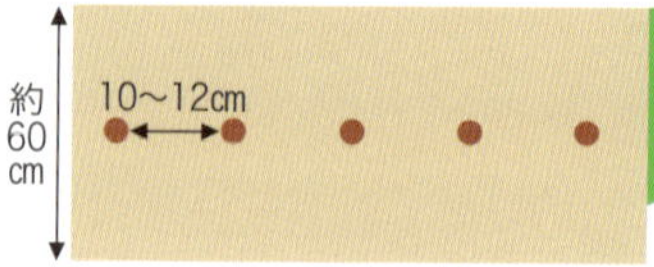

みずみずしくて甘い、日本の食卓に欠かせない

知る▼ 原産地は地中海沿岸地域。日本では縄文時代には栽培がはじまっていたと考えられ、『日本書紀』にもカブを育てることが奨励されたという記録があるそうです。栽培の歴史が古いだけに、各地域にユニークな品種がみられます。

育てる▼ 生育適温は15～20度と冷涼な気候を好みます。種まきは春秋2回できますが、秋まきのほうが育てやすいでしょう。栽培日数が早いのも特徴です。小カブであれば種まきから45～50日で収穫できます。

根こぶ病が出やすいので、**連作障害**を避ける耐性のある「CR」という表示のある種を使うと予防できます。

食べる▼ 根には、消化酵素であるアミラーゼが豊富に含まれており、胸焼け、胃もたれなどを抑える効果があります。カブの葉はビタミンC、カルシウム、鉄、カロテンなどを多く含み、栄養の宝庫です。免疫力アップなどに効果があります。

1 種まき

畝の中央に深さ1㎝のまき溝をつくる。種を1㎝間隔でまき、**覆土**したら軽く手でおさえ、たっぷり水をやる。

2 間引き・土寄せ

双葉が完全に開いたら、生育のよいものを残し、3㎝間隔になるよう**間引き**、株元に軽く**土寄せ**。

3 間引き・土寄せ

本葉2～3枚の頃に、6㎝間隔になるよう**間引き**、株元に軽く**土寄せ**。

4 間引き・追肥・土寄せ

本葉が5～6枚になったら、10～12㎝間隔になるよう**間引き**、**畝**の肩に**化成肥料**30g/㎡を**追肥**し、株元に**土寄せ**。

5 追肥・土寄せ

畝の肩に**化成肥料**30g/㎡を**追肥**し、クワなどで株元に軽く**土寄せ**。

6 収穫

小カブの場合、根の直径が5～6㎝になったら収穫適期。葉をもって引き抜く。

藤田智の気ままな野菜学

多様な名をもつカブ

春の七草「セリ、ナズナ、ゴギョウ、ハコベラ、ホトケノザ、スズナ、スズシロ」。このなかの「スズナ」はカブのこと。カブは、古くから栽培されていることもあり、ほかにも、「カブラ」「カブナ」「ウキナ」など、多様な呼び名をもつ野菜。「ウキナ」は、土の表面から浮き上がるように育つ様子を表しています。

個性的な顔ぶれが並ぶ地方品種

カブは色だけみても、白、赤、紫、グラデーションなど、非常に個性豊かです。一説ですが、白カブは太平洋側に多く、赤カブは日本海側や山間部に多いといわれます。赤カブにはアントシアニンという色素が含まれており、これが耐寒性を高めているのではないか、と考えられています。

辛みの強い暮坪カブや巨大な聖護院カブ、山形の山間部で今でも焼き畑農法でつくられる温海カブなど、地方品種が豊富なカブ。日本全国のカブを、自分の畑で育ててみるのも楽しいかもしれませんね。

根もの

サツマイモ

▼ヒルガオ科

おすすめ品種

↑ベニアズマ

関東地方で栽培されている定番品種。ねっとりとした甘みが特徴。

おすすめ品種

↓コガネセンガン

表皮の色がジャガイモのような黄白色が特徴。焼酎の原料によく利用される。㋩

おもしろ品種

↑パープルスイートロード

アントシアニンを多く含むため、果肉は赤紫色。加熱すると青紫色にかわる。紫イモのなかでは比較的甘みが強い。㋩

おすすめ品種

←なるっ子

まるで蜜をかけたような甘さで近年人気急上昇。㋟

おもしろ品種

→アヤコマチ

なかがオレンジ色。甘みが強く冷めても変色しないため、お菓子向き。㊈

おもしろ品種

→カノヤムラサキ

鹿児島県鹿屋市でつくられる希少品種。なかが鮮やかな紫色。㋩

栽培の手順

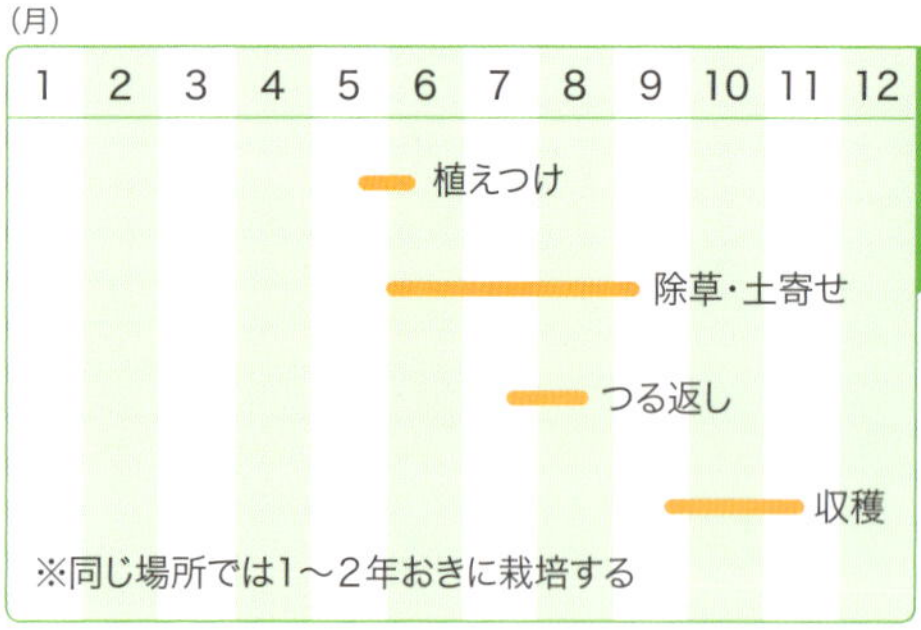

(月)
1 2 3 4 5 6 7 8 9 10 11 12
植えつけ
除草・土寄せ
つる返し
収穫
※同じ場所では1～2年おきに栽培する

土づくり

● **植えつけ1週間前まで**
堆肥2kg/㎡、米ぬか100g/㎡、窒素分の少ないサツマイモ専用の肥料（N:P:K＝3:7:10）100g/㎡

スペース

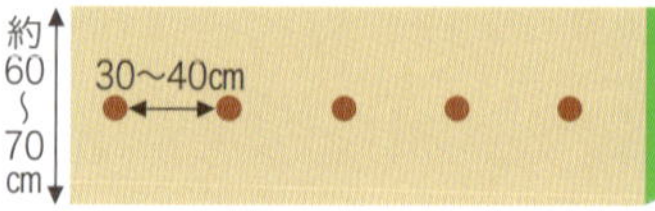

約60～70㎝
30～40㎝

食物繊維豊富な、秋の味覚の代表選手

知る▼ メキシコを中心とした中南米が原産地。高温、乾燥に強く、やせた土地でもよく育つことから救荒作物として広まりました。「ベニアズマ」に代表されるように、紫色の皮の品種が定番ですが、各地で品種改良・選抜が進み、近年は、さまざまな色のものが出回っています。

育てる▼ 生育適温は25～30度と、高温を好みます。**マルチ**を活用してもよいでしょう。土壌pH適応力が強い（pH5・0～7・0）ので、**苦土石灰**の散布は不要。水はけと通気性のよい土壌を好むため、30㎝という**高畝**を立てます。気をつけたいのは肥料のやり方。窒素分が多いとつるばかりが茂って、肝心のイモが太らない**つるボケ**を起こすので、**窒素肥料**は控えめにするのがポイントです。

食べる▼ ビタミンC、食物繊維が豊富。また、紫色の品種は抗酸化作用のあるアントシアニンを、オレンジ色の品種はカロテンを多く含みます。

1 植えつけ

植えつけ法はいくつかあるが、いずれも苗の先端は埋めないこと。また、埋める節が多いほどイモの数は多くなる。

【ななめ植え】長さ30㎝の棒を用意し、**株間**30㎝で、斜め45度で棒をさし込む。棒を抜きながら、苗を3～4節まで入れて上からしっかり押さえる。**植えつけ**後、たっぷり水やりをする。

【舟底植え】手で土を掘り、深さ5～6㎝に舟底のような形に苗を置く。苗の3～4節までを植えて土をかぶせしっかりと押さえ、たっぷり水をやる。

2 除草・土寄せ

つるが伸びはじめる頃に**畝**の表面を除草し、クワで**土寄せ**。

3 つる返し

つるが茂って隣の**畝**まで伸びてきたら、畑の空いている側につるを動かす。

4 収穫

茎や葉が黄変してきたら収穫適期。霜が降りる前に行う。ハサミなどで地際から15㎝ほどのところで茎を切る。株元から15㎝離れたところにスコップを入れて掘り上げる。つるのつけ根をもち、引き抜く。

藤田智の気ままな野菜学

おいしいのはとれたて？ それとも……

ここで、いきなり問題です。サツマイモがおいしいのはどっちでしょうか。

1. とれたて
2. 収穫から3週間後

正解は2番。サツマイモは、収穫してから3～4週間おいて追熟させたほうが甘みが増し、おいしく食べられます。2～3日、日陰で乾かし、表面の土を軽くこすり落とし、新聞紙などに包み、室内で保存するのがおすすめです。

茎や葉を食べるサツマイモもある

「戦争中は食べるものがなくて、サツマイモの葉まで食べた。おいしくなかった」というような話を聞いたことのある人は多いでしょう。当時のサツマイモは、実の部分を食べるための品種だったのでおいしくなくて当たり前。近年では、葉や茎を食べる「すいおう」などの品種も出回るようになりました。

炒めもの、天ぷらなどでおいしく食べられます。

サトイモ

▼サトイモ科

おすすめ品種
土垂れ
関東でよく栽培される。ねっとりしたおいしい実がたくさんとれる。㋟

おすすめ品種
大野里芋
福井県大野地方の在来種。子イモが多くつく。もちもちとして、煮崩れしにくい。㋟

おもしろ品種
たけのこいも
宮崎県の特産。地上に頭を出す姿がタケノコに似ていることから名がついた。子イモはほとんどできず、煮崩れしにくい。㊋

おもしろ品種
セレベス
インドネシアのセレベス島発祥。芽のまわりが赤く、赤芽イモとも呼ばれる。㊋

おもしろ品種
八つ頭
親イモと子イモが合体した形が特徴。ぬめりは少なく、ほくほくした食感。㋟

栽培の手順

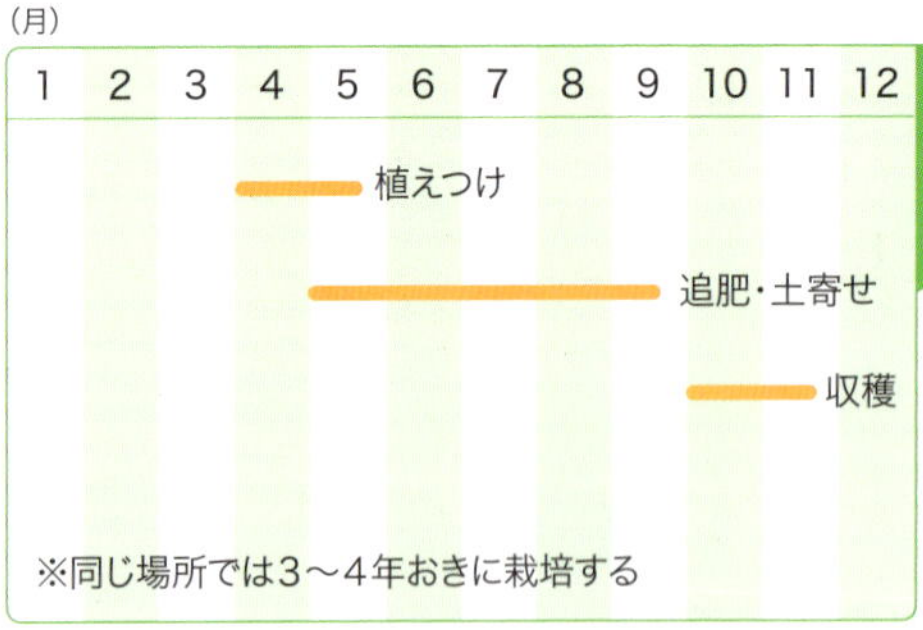
(月)
1 2 3 4 5 6 7 8 9 10 11 12
植えつけ
追肥・土寄せ
収穫
※同じ場所では3～4年おきに栽培する

土づくり

- **植えつけ2週間前まで**
苦土石灰100g/㎡
- **植えつけ当日**
堆肥2kg/㎡、化成肥料100g/㎡

スペース

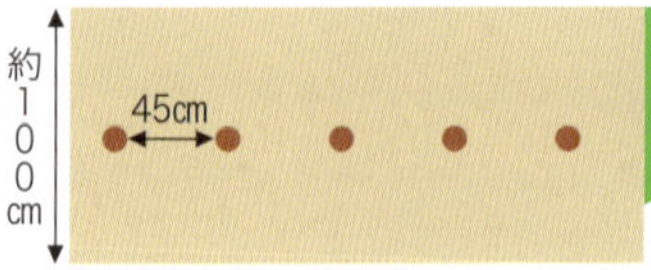
約100cm
45cm

ほくほく、ねっとり、とれたてが抜群のおいしさ!

知る▼ 原産地は熱帯アジア。品種によって、子イモを食べるもの、親イモを食べるもの、両方を食べるものがあります。また、葉柄をズイキとして利用する品種もあります。

子イモ用や親子兼用の品種は、まず、種イモの上に親イモができます。さらに、そのまわりに子イモが、さらにそのまわりに孫イモができるという育ち方をします。

育てる▼ 生育適温は25～30度と高温を好み、日当たりがよく、水が多い環境でよく育ちます。乾燥が続くとイモが太らず数も減ってしまうので、特に夏の乾燥が強い時期はしっかりと水をやります。

食べる▼ サトイモの特徴であるぬめりは「ムチン」と「ガラクタン」という成分。食物繊維の一種です。ムチンは肝機能を高め、胃腸の粘膜を守る効果があります。一方、ガラクタンは、血糖値やコレステロールを下げる効果があります。

1 植えつけ

芽の出ている種イモを選び、イモとイモの間に**堆肥**を移植ゴテで2杯分と**化成肥料**をひと握りずつ置く。土を戻し、上から軽く押さえる。土が極端に乾燥している場合はたっぷり水やり。湿っている場合はしない。

2 追肥・土寄せ

草丈10～15㎝になったら**追肥**。**株間**に**化成肥料**をひと握り施し、株元に軽く**土寄せ**。

3 追肥・土寄せ

草丈30～40㎝になったら2回目の**追肥**。**畝**の肩に**化成肥料**をひと握りずつ**追肥**し、株元に軽く**土寄せ**。

4 追肥・土寄せ

収穫まで**追肥**と**土寄せ**は3～4回行う。**株間**に**化成肥料**をひと握り施し、地上部の葉柄が隠れるぐらいに**土寄せ**。

5 収穫

葉が枯れはじめてきたら収穫適期。霜が降りる前に行う。カマなどで葉柄を切りとり、株元から15㎝離れたところにスコップを入れて掘り上げる。土をとり除きながら、子イモと親イモを分ける。

藤田智の気ままな野菜学

秋の風物詩「芋煮会」

東北地方では、秋になると河原などで、大鍋にサトイモを入れて煮る「芋煮会」がよく行われます。もともとは、農作物の豊作と、子イモがたくさんとれることにちなんで子孫繁栄を願ったものですが、近年は、町おこしのイベントとして行うところも増え、だんだん「秋の風物詩」として広く知られるようになってきました。特に有名なのは山形県。直径6mという超特大の鍋で3万食をつくるところもあります。

規模もさることながら、地域や家庭によって味つけもバラエティに富んでいます。

イモ界に「新御三家」あらわる!?
—— キクイモ、アピオス、ヤーコン

ヤーコン。

アピオス。

キクイモ。

家庭菜園でよく栽培されるイモ類の御三家といえば、ジャガイモ、サトイモ、サツマイモ。しかし、近年、イモ界に第2の勢力といわれる「新御三家」が登場しています。キクイモ、アピオス、ヤーコンです。

キクイモは北米原産。10月頃、キクのような花を咲かせます。食用にするのは肥大した塊茎《かいけい》部分です。香りはゴボウ、食感はアーティチョークのようだともいわれます。ややエグみがあるため、加熱するか、漬けものがおすすめです。血糖値低下に効果があるというイヌリンを豊富に含みます。

アピオスも北米原産。珍しいマメ科のイモです。日本では東北地域で多く栽培されています。おもしろいのは数珠つなぎにイモがなること。ひとつのイモの大きさは親指の先ほどですが、脂質、タンパク質、鉄、カルシウムなどがぎゅっとつまっています。7月ぐらいに少し変わった花をつけますが、イモを太らせるためには摘花しましょう。

ヤーコンは、南米アンデス原産。キクイモと同様、キク科の多年生植物です。食用にするのは塊根《かいこん》。形はサツマイモに似ていますが、生で食べるとシャキシャキとした歯ざわりがナシのようで、別名「畑のナシ」ともいわれます。整腸作用のあるフラクトオリゴ糖を豊富に含んでいます。10月にヒマワリのような花を咲かせます。

イモ類の「新御三家」は、いずれも栄養豊富な健康野菜。生育が旺盛で、栽培もそれほど難しくありません。今後の注目野菜、ぜひ、菜園にもとり入れてみてください。

Chapter

2 おいしい野菜をつくる匠のワザ

基本的な野菜づくりの方法をおさえたら、次は一歩進んだ栽培の工夫を身につけましょう。家庭菜園では、必ずしも恵まれた条件のなかで栽培できるとは限りません。そこで、どんな条件でもおいしい野菜をつくるためのワザを教えます。

土づくりのワザ

野菜づくりにおいて、もっとも大切なのは、土づくりであるといっても過言ではありません。よい土は一朝一夕には手に入りません。3年より5年、5年より7年と時間をかけて手を入れ耕すほど、土はよくなっていくのです。

ここでは、手入れの方法のひとつとして、土質を変えるワザを伝授しましょう。

土質を的確に見極めて土壌を改良する

水はけのよい土かどうかを判断するひとつの目安は、雨が上がったあと、水が2〜3日残るようであれば、それは水はけがよくない土といえます。

しかし、2〜3日も待っていられないという場合、次のような方法で確かめることもできます。

手順

①ペットボトルの下部を切り、上部をさかさにしてプラスチックコップなどにセットする。

②確認したいところの土をとり、①のなかに半分程度まで入れ、水を注ぐ。

③水はけのよい土は、下に水が落ちる。逆に水はけが悪い土は、水が上に残る。

対処法

もし、水はけが悪かったり、逆に水もちが悪かった場合は改良資材を入れることで解消できることもあります。以下を参考にして、試してみるのもよいでしょう。

●水はけが悪い場合

パーライト：真珠岩を高温で焼成した人工用土。排水性、通気性に優れています。

川砂：排水性、通気性に優れています。

ほかにも、一度、緑肥植物を育て、それを刈り、細かく切って土に混ぜ込むのも効果的です。

また、畝を高くすれば自然と水はけもよくなります。

●水もちが悪い場合

バーミキュライト：蛭石《ひるいし》を高温で焼いた土壌改良用土。保水性、保肥性に優れています。

赤玉土（小粒）：保水性、保肥性に優れています。粒の大きさはいろいろありますが、水もちをよくしたい場合は小粒が適しています。

また、ポリフィルムの効果を利用したマルチングもよいでしょう。土の表面から水分が蒸発するのを防いでくれます。

自然の力を利用して土質をリフレッシュ

長い期間、野菜の栽培を続けていると、土はどうしても疲れてきます。また、病害虫も発生しやすい環境になりがちです。

そこで、夏の強い日ざしや、冬の寒さなど、自然のパワーを利用して土を消毒する方法をお教えします。

1 太陽熱で消毒

夏の強い太陽熱を利用して、土を消毒し、病害虫を防除します。効果があるのは、カビなどの菌類やネコブセンチュウなど。

一般に、カビは40~60度、ネコブセンチュウは40~50度という温度で死滅します。夏の暑い時期、日中の土のなかは、30度ぐらいですが、太陽熱を利用して土のなかの温度をさらに上げ、これらの病害虫を死滅させるのです。

ただし、モザイク病などを引き起こすウイルスを死滅させるには90度以上の温度が必要なので、この方法は効かないと考えたほうがよいでしょう。

極寒期や春先など気温の低い時期も、あまり効果的ではないので、54ページで紹介する方法をおすすめします。

手順

①土壌の表面積をできるだけ広げるため、高畝をつくる。

②熱を伝わりやすくするため、畝に水をたっぷり含ませる。

③蓄熱しやすくするため、畝の上を透明ビニールで覆い、そのまま2～3週間放置する。

2 寒起こし

真冬の厳しい寒さを活用して土を消毒し、病害虫を駆除し、土質をよくする方法です。土を粗く掘り起こして寒風にさらすため、「寒ざらし」ともいいます。

手順

1〜2月頃、土をぼこぼこと粗く掘り起こしておきます。すると、夜間は土のなかの水分が凍結し、日中はそれが溶けて乾燥します。この凍結と乾燥を繰り返すことによって土塊がしだいに崩れ、1カ月ぐらいおくと通気性のよいふかふかとした土になります。ここで、有機物などを混ぜ込めば、さらに土壌改良効果は高まります。

また、寒さによって、土中の病害虫や病原菌も死滅します。

①スコップを30㎝ほどの深さまで入れて、できるだけ大きな塊で掘り起こす。自然に崩れるまで、土の塊は壊さない。そのまま、1カ月程度放置する。

②①から1カ月ほどしたところで、堆肥、腐葉土などの有機物を混ぜ込みよく耕す。

3 天地返し

太陽熱による消毒や寒起こしを行っても、土の劣化や病害虫の発生、連作障害がひどい場合には、土の表面から20〜30cmの土（耕土）と、その下の土（心土）を入れかえる天地返しを行います。

一般に植物に害を与える土壌病原菌は好気性菌と呼ばれ、酸素がないと生きられません。そのため、心土には病原菌がほとんどいません。病原菌のいる地表の土（表土）を地中深く埋めてしまい、病原菌のいない心土をその上にもってくることで病原菌の繁殖が抑えられます。

心土は、耕土に比べそれまでの栽培の影響が少なく病害虫も少ないため、上にもってくることでよい土で栽培を行えるようになります。

方法はとても簡単で、耕土をブロックに分け、耕土と心土をブロックごとに入れ替えます。

手順

やりやすいように、耕土と心土を6つ程度のブロックに分け、上下の2ブロックずつを掘り上げて、入れ替える。

季節を問わずに行えるものとしては、石灰窒素の散布があります。

センチュウ類、根こぶ病の駆除などに効果的です。石灰窒素は農薬なので、散布する場合には、マスクや長袖、ゴーグル、手袋を着用して行います。

石灰窒素は、使用して成分が分解されると、石灰分と窒素分が残り、肥料としての役割も果たします。

散布後しばらくは苗が枯れる場合があります。これは農薬効果の影響です。春～秋は2～3週間、冬季は1カ月ほどしてから栽培をはじめましょう。

アルカリ性の土壌を変える方法としては、トウモロコシを栽培する方法があります（詳しくは19ページ）。ホウレンソウなども、土壌の石灰分を吸収するのでおすすめです。

生えている草も土壌酸度の目安に

土壌酸度は、酸度計や測定キットを使って調べるのが基本ですが、生えている草が目安になることもあります。たとえば、スギナは、酸性が強いところで育ちやすいとされています。もし、スギナが多く生えているところに畑をつくるとしたら、少し多めに石灰を用意するなどの目処にできそうです。

そのほか、オオバコ、ハハコグサなども酸性の強い土壌に生えやすいといわれています。

草でおおよその
見当をつけて測定
するとよいでしょう。

スギナ

オオバコ

ハハコグサ

野菜づくりのワザ

基本的な野菜づくりのテクニックをマスターしたら、次は、「もっとうまくつくれるようになりたい」「さらに収量をアップさせるにはどんな方法があるのだろう」「もっと甘みのある野菜をつくりたい」と、意欲が高まってくるもの。

ここからは、そんな人のために、野菜づくりをもう一歩レベルアップさせるためのテクニックやワザを紹介します。

発芽率をアップさせる

種まきをしても、うまく発芽しなかったり、発芽までに時間がかかってしまったりということはありませんか。そんなときは、野菜にもよりますが、「前処理」を施すと発芽率をアップさせることができます。

●玉レタス

手順

①玉レタスの種の発芽適温は品種にもよるが、18～20度。そこで、種をひと晩水に浸したあと、水を軽く切ってガーゼやキッチンペーパーなどに挟み、冷蔵庫に1～2日入れておく。

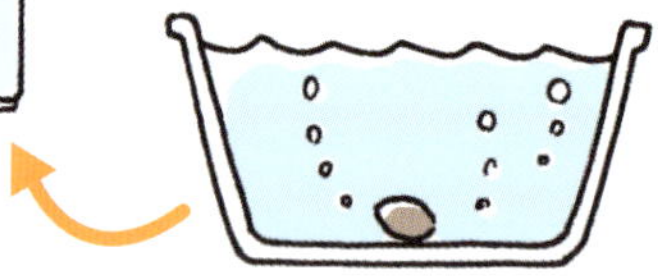

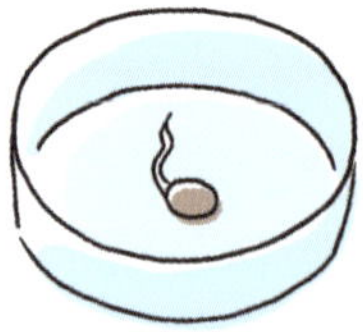

②白いひげ根が出てきたら、ポットや菜園にまく。まくときは間隔を空ければ間引きの手間も省ける。

●ホウレンソウ、オクラ、アスパラガス

ホウレンソウは、本来、外側の殻の部分が硬く発芽しにくい種です。もし、硬い殻つきの種を使う場合、ひと晩、水につけておくと殻が柔らかくなり発芽しやすくなります。同じアカザ科のスイスチャードも硬い種なので、ひと晩水につけてからまくと発芽しやすくなります。

なお、ホウレンソウの場合、あらかじめ硬い殻をとり去ったネーキッド種子もあるので、利用してみるのも一手です。

ホウレンソウのネーキッド種子

スイスチャードの種子

また、オクラ、アスパラガスなども大変硬い種です。叩いて軽く傷をつけるか、ひと晩水につけておくと発芽しやすくなります。

収穫期間を長く楽しむ

せっかく育てた野菜。できるなら何度も収穫して長く楽しみたい。そう思うのが人情です。ここでは、収穫を長く楽しむためのワザを紹介しましょう。

●ピーマン

ピーマン自体、もともと収穫期間の長い野菜です。

上手に栽培すれば10月まで収穫が可能です。株を丈夫に保つためには、次々となる実を早め早めに収穫すること、定期的に追肥をする（2週間に1回30g／㎡ずつ与える）こと、夏は株の内部が茂ってくるので、適宜、枝葉を整枝して、風通しをよくすること、などがポイントです。もうひとつの方法は更新剪定です。8月下旬から9月初旬にかけて行います。

●ナス

仕立て方を「V字仕立て」にして新しい側枝を伸ばすようにすると、更新剪定をせずに、長く、質のよいナスを収穫しつづけることができます。

●キュウリ

キュウリは収穫時期が短い野菜ですが、苗を植える時期を1～2週間ずらすと、その分収穫もずれ、結果として長く収穫を楽しむことができます。

キュウリもピーマンと同様、収穫は早め早めを心掛けましょう。

●コマツナ、ミズナ、シュンギクなどの葉物野菜

栽培適期の長い野菜は、種まきを、2週間ずつずらすなどすると、長く収穫を楽しめます。一度にとれすぎてしまうということも避けられます。

●ブロッコリー

頂花蕾をとったあとに、側枝を伸ばして側花蕾を育てると、長く収穫が楽しめます。

ナスのV字仕立て　手順

①一番花が咲いたら、その直下のわき芽を伸ばし、主枝と側枝2本仕立てにする。
それより下のわき芽はすべてとる。

②中心となる2本の枝から出る側枝は、実をひとつとるごとに中心に近いわき芽を残して切り戻しをして、新しい側枝を伸ばすようにする。

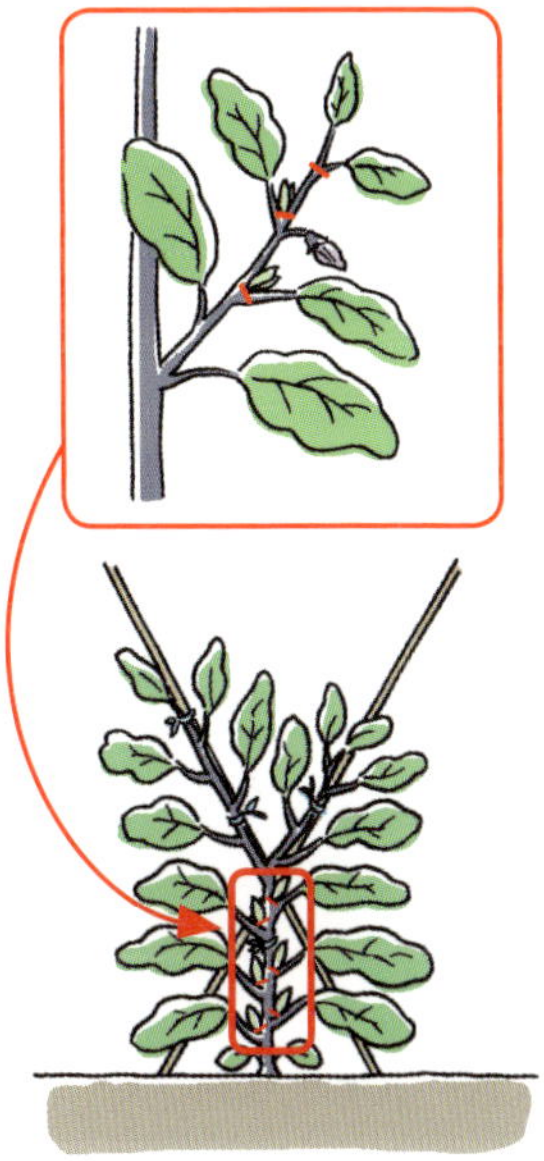

③中側枝についたナスを収穫したら、同時に側枝を切り落とす。

収量をアップさせる

「1粒で2度おいしい」ではないですが、せっかく育てるのだから、1株からより多くの実がとれたほうがうれしいですよね。それには、いくつかのコツがあります。

ここでは主に実もの野菜や根もの野菜について、収量をアップさせる工夫、ワザを紹介しましょう。

●サトイモ

サトイモは、日当たりがよく、水気が多い環境を好みます。一度、土がからからに乾いてしまうと回復が困難な野菜です。夏の乾燥期、とにかく水切れを起こさないことが必須です。水はたっぷりやりましょう。

また、乾燥を防ぐために根元にワラやトウモロコシの枯れ茎などを敷いてもよいでしょう。

●ミニトマト

通常の主枝1本立てでは花房は5〜6段、収穫は個数にして１２０個ぐらいが平均でしょうか。そこで、主枝を2本仕立てにする方法があります。

うまくいけば、２００個ぐらい収穫できます。その分、肥料が必要になるので、通常の１・５倍ぐらい与えてください。

●ジャガイモ

ジャガイモは、花が咲いたら摘みます。花にいく分の栄養が実にまわります。

ジャガイモの花。

野菜を甘く育てる

家庭菜園で育てるのだから、店で買う野菜よりおいしい、甘みが多いものをつくりたいですよね。野菜によって、甘みを増す方法はいろいろあります。

●トマト

収穫の1週間前から、水を切らすようにします。水を切らすことにより、実が小さくなり、その分甘みが凝縮されます。

また、栽培中は有機質肥料（アミノ酸）を与えると、より甘くなります。

●スイカ、メロン、ナス、ピーマン

有機質肥料（アミノ酸）を与えると、栄養豊富になり、甘くなります。特に魚系の有機質肥料がよいでしょう。ナス科、ウリ科には抜群に効果があります。

●ニンジン

ニンジンも、有機質肥料を与えると甘くなります。特に菜種油かすは効きめがあります。

●サツマイモ、カボチャ

栽培中ではなく、収穫後、追熟させるのが甘くするポイントです。カボチャやサツマイモのでんぷんは、収穫から時間が経つと「糖」と「水」に分解されます。

これを糖化といいます。水分が蒸発し糖が凝縮すると甘みが増します。カボチャであれば3週間、サツマイモであれば3〜4週間、収穫してから日陰において陰干ししましょう。

■でんぷんの糖化と甘みの関係（カボチャ）

カボチャは収穫から３週間経過した頃が食感も味もピークです。

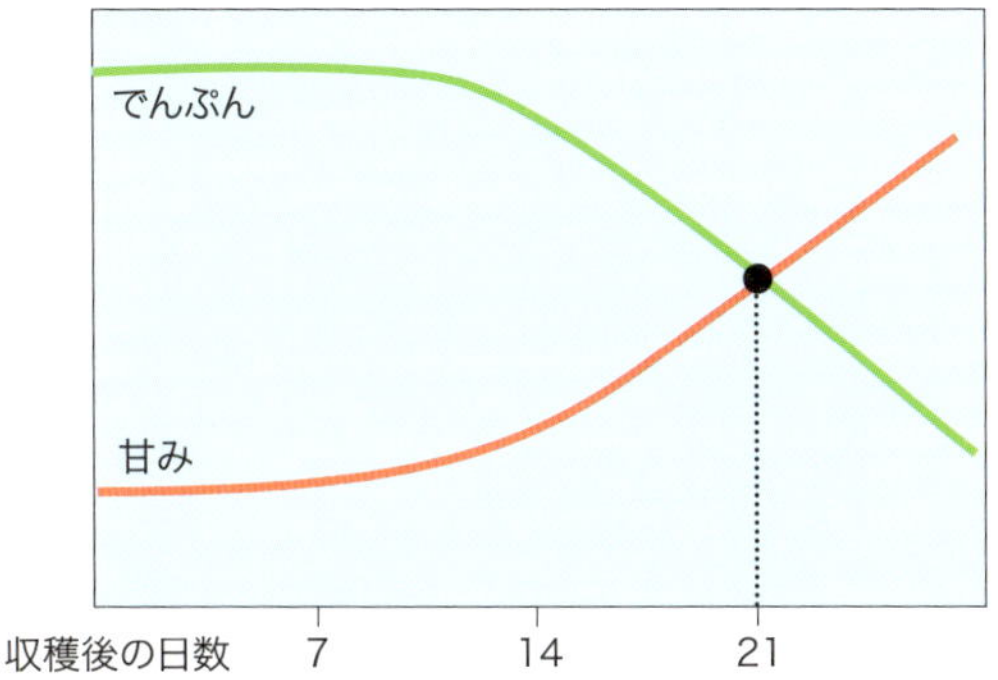

狭い菜園、寒い時期を活かした栽培

家庭菜園では、本格的な農業などとは違い、限られたスペースや少ない時間で栽培しなければいけない場合が多くあるでしょう。

スペースが限られているけれど、スイカやカボチャを育てたい。極寒の時期もなんとか野菜を育てられないか……。

ここでは、そんなワガママな希望を叶える方法を紹介します。

1 立体栽培でスイカ、カボチャを育てたい

スイカもカボチャも地這いで育てようとすると、1株育てるだけでも2m四方程度の面積が必要です。そうなると、市民農園などの限られたスペースではスイカだけしか育てられません。

そこでおすすめなのが「立体栽培」。

立体栽培とは、支柱やネット、ひもなどを使い、立体的につるを這わせる方法です。このやり方なら、1株で1m四方のスペースがあれば十分に栽培することができます。

ただし、栽培する野菜は、果重1kg以下のミニ品種にしましょう。以下では、カボチャの立体栽培「あんどん仕立て」の方法を紹介します。

手順 ミニカボチャをあんどん仕立てで栽培する

①1m四方の畝を立て、その中央に株を1株植える。

②畝の四隅に支柱を立てる。そのまわりに、ネットを張る。

③つるが伸びてきたら、順次、誘引する。人工受粉も行う。

④実がついたら、実のすぐ下にネットを張って実を受けるようにする。

2 葉物野菜をトンネル栽培で育てる

真冬でも畑で何か育てられないか、と思う人もいるでしょう。大丈夫、トンネル栽培という方法があります。トンネル栽培とは、透明なビニールフィルムで畝を多い、なかの気温を温かく保つことで、成長しやすくする栽培法です。コマツナ、ミズナ、ホウレンソウなどはトンネル栽培しやすい野菜です。ただ、さすがに時間はかかります。また、3月ぐらいになったら蒸しますので、日中はすそをあげて空気の入れ替えをしましょう。

トンネル栽培の方法 手順

①畝の片端から5~10㎝ぐらいのところにトンネル栽培用の支柱を立てる。

②畝のもう一方の側へ支柱をさし込む。

③被覆資材をかける。

④資材の端に土をかぶせてしっかりと固定する。風で飛ばないように、トンネル用支柱などで上からとめるとなおよい。

収穫時期を見極める

野菜には、それぞれ収穫の適期があります。この時期を逃すと、一気に成長して味が落ちてしまったり、食べ頃だと思って収穫したら思いのほか甘くなかったり、鳥害などでせっかくの野菜の収穫を先に超されてしまうことがあります。

そこで、収穫のチャンスも見極めるためのポイントをお教えします。

●カボチャ

西洋カボチャの場合、へたの部分にコルク状にひびが入ってきたらなかも甘くなった証拠。同時に、爪でひっかいても傷つかない程度に硬くなっています。

●スイカ

スイカは収穫の適期を見極めるのがとても難しい野菜です。みた目や重さ、叩いたときの音などはまったくあてになりません。

人工受粉を行った日、または雌花の咲いた日を記録するのがよいでしょう。受粉から40～45日が収穫の目安です。

●エダマメ

エダマメの収穫適期は1週間と短いのが特徴。品種によって収穫時期は異なります。目安としては、さやを触ってみて、なかの実がはじけるくらいに膨らんだ頃。株の下のほうの実から充実してきます。

●ダイコン

ダイコンはスが入ってしまうと、食べてもおいしくありません。状態を見極めるには、外葉のつけ根をとり、断面を観察します。このとき、中央部分がスカスカの状態になっていなければ、根の部分にはスが入っていないといえます。

●ショウガ

ショウガは収穫時期によって、さまざまなスタイルで食べることができます。新芽は筆ショウガ、7月下旬頃にとるものは葉ショウガ、10月中旬～11月にかけてとるものは根ショウガとして楽しめます。

それぞれの収穫適期は次のとおりです。

新芽

6～7月、草丈15cm、葉が3～4枚開いた頃。若どりして、甘酢漬けにするハジカミなどで食べます。

葉ショウガ

7月中旬。葉が7～8枚になった頃。みそなどをつけて、生でそのまま食べます。

根ショウガ

10月下旬～11月頃。おなじみのショウガです。さわやかな香りは夏の暑い時期にもよいですし、冬ならば紅茶に入れると体があたたまります。臭みをとる効果があるので、とくに煮魚やスープなどに向いています。

ショウガはどんな料理にもあいますが、天ぷらだと独特の辛みが刺激的で最高おいしいです！

保存のワザ

野菜づくり大成功！

さらに、大収穫！　でも、とれ過ぎてしまって、ご近所や友人におすそ分けしても、食べきれない、このままにしておくと傷んでしまう……。このようなことを経験したことのある人も多いでしょう。

せっかく大切に育てた野菜、腐らせてしまってはもったいないですよね。それではとっておきの保存のワザを紹介しましょう。

土のなかで保存する

秋まき、冬どりのダイコンは、収穫後、土のなかに埋めておくと、長く保存することができます。

①ダイコンを引き抜いたら、葉をすべてとる。

②深さ50㎝の穴を掘り、そこに葉をとったダイコンを寝かせて並べる。

畑でそのまま保存する

ハクサイは、中生種、晩生種の場合、畑に植えたままとう立ちするまで保存できます。晩秋、霜が降りる前に外葉でなかの葉を包むように縛ります。外葉は茶色くなって枯れますが、なかの葉は鮮度を保てます。ちなみに、縛るのは結球させるためではありません。結球するのは、葉にあるオーキシンというホルモンが光に当たり、一定の時期になると、葉の外側に移動し、細胞を膨らませるため。そのために葉が次々と立ち上がり、巻き込んでいくことによって結球します。

ひもなどを使い外葉をまとめ、球を包む。

調理法を工夫して保存する

1 漬けものにする

冬の間に食糧を長期保存する方法として、漬けもの文化は発展してきました。漬け菜類に属する葉物野菜はもちろん、ダイコン、カブ、ハクサイなど、一度に食べきれないときは、ぜひ、漬けものにしましょう。

2 干し野菜にする

干し野菜は、野菜を細切りや薄切りに

保存のワザ

して、天日干しする方法。しっかり乾燥させると2～3カ月は保存が可能です。野菜のかさも減り、保存しやすくなります。また、甘みがぎゅっと凝縮しておいしさも一段とアップします。

干し野菜をつくるのに適しているのは、からからに空気が乾燥した冬。ざるを使ってもよいですし、干し野菜用の専用ネットも市販されています。

ポイントは、野菜を重ならないように広げること。日当たりと風通しのよいところに置きます。雨の日、夜間は屋内にとり込み、よく日の当たる日中は外に出します。

もうひとつのポイントは、しっかり乾燥させること。そうしないと保存している間にカビが発生してしまいます。できあがった干し野菜は、密閉容器に乾燥剤と一緒に入れ、高温や湿気を避けて保存します。

専用のネットを使ってもよい。

とくに、家庭菜園でも人気の野菜について、適切に干し野菜にする方法を紹介します。

●ダイコン

3㎜ほどの細切りか、薄い輪切り、いちょう切りにします。皮はむいてもむかなくてもOKです。

●長ネギ

小口切りにして干します。水で戻す手間が省け、そのままみそ汁の具にも使うことができます。

●ニンジン

3㎜ほどの細切りか、薄い輪切りにします。スライサーでむくと便利。皮はついたままでもよいのですが、よく水洗いするようにしましょう。

種とりのワザ

地方野菜には、固定種のものが多くあります。育てたら、ぜひ、種を採取してみましょう。翌年まけば、また育てることが可能です。保存は冷暗所。冷蔵庫に入れておいてもよいでしょう。密閉容器に乾燥剤と一緒に入れておきます。

・葉菜類

基本的には種ができて、硬くなってから採取します。

・キュウリ

黄色く熟すまで実をならせておき、熟したら割って種を取り出し、洗って乾燥させてから保存します。

・トマト、ピーマン

種をとり出し、洗って乾燥させてから保存します。

病害虫予防のワザ

基本的な病害虫の予防法・対処法については5章でも紹介しています。ここでは、自然の力を活かす方法、また、食品や有機野菜栽培にも使用されている農薬を紹介しましょう。

身体、環境にやさしい農薬

1 病気予防・対処に使用するもの

炭酸水素ナトリウム水溶剤（ハーモメイト水溶剤）

「炭酸水素ナトリウム」と、化学名称で書くと難しそうですが、「重曹」のことです。重曹は、ベーキングパウダー（ふくらし粉）のほか、医薬品、洗濯剤などにも使用されています。

「炭酸水素ナトリウム水溶剤」は、重曹に特殊な加工をして病原菌に付着しやすくし、殺菌効果を高めたもの。うどんこ病、灰色かび病に効果があります。重曹が菌の胞子や菌糸に付着すると、菌は正常な働きがしにくくなり、結果として増殖が抑制されるというわけです。

銅水和剤（サンボルドー　など）

「銅」を利用した殺菌剤です。細菌やカビによって発生する多くの病気の予防に効果があります。

銅水和剤は、散布すると、植物の表面に薄い膜をつくります。空気中にある二酸化炭素、植物から分泌される酸によって分解され、銅イオンとなります。銅イオンは、病原菌に接すると、生命維持に必要なマグネシウム、カリウムなどの働きを阻害し、結果として菌を死に至らしめるというわけです。

キャベツ、キュウリ、ダイコンなどのべと病、ジャガイモの疫病、炭そ病などに効果があります。

炭酸水素カリウム水溶液（カリグリーン　など）

カリ肥料としても登録されているものです。炭酸水素カリウムを散布すると、菌に付着し、カリウムイオンが菌の体内に入ります。すると、菌の細胞内のイオ

ンバランスが崩れ、菌は正常な活動ができなくなり、死滅するというわけです。

うどんこ病、さび病、灰色かび病などに効果があります。なお、殺菌の役目を果たしたカリウムイオンは、植物の成長に必要なカリウムとして使われます。

2 殺虫用に使用するもの

BT剤（ゼンターリ顆粒水和剤、チューンアップ顆粒水和剤　など）

「BT」は「バチルス・チューリンゲンシス」という細菌の略称です。この細菌からつくられる微生物殺虫剤のことをBT剤といいます。

BT菌は土のなかに住み、特定の昆虫を死に至らせるタンパク質の結晶を体内につくります。チョウやガの仲間の幼虫が、このBT菌を食べると、幼虫がもっているアルカリ性の消化液によって、BT菌のつくるタンパク質が溶け出して活性化させ、結果として幼虫が死ぬというわけです。

効果があるのは、アオムシ、コナガ、ヨトウムシ、オオタバコガ、ネキリムシ、キアゲハなどに対してです。

なお、BT剤は、さまざまな系統があり、殺虫効果が異なりますが、いずれも人体への影響はなく、環境を汚す心配もありません。

デンプン液剤（粘着くん液剤）

「デンプン液剤」は、「ヒドロキシプロピルデンプン」を利用したものです。「ヒドロキシプロピルデンプン」は食用デンプンの一種で、多くの食用品に使用されています。

散布すると、デンプン液剤が害虫の身体のまわりを覆い、害虫は呼吸ができなくなります。結果として害虫は死に至ります。即効性があり、物理的に呼吸をできなくさせるので、繰り返し使用できること、収穫の前日まで使用できるといった特徴があります。

アブラムシ、ハダニ類などの小さな虫に効果がありますが、益虫のナナホシテントウなどには影響はほとんどありません。

なお、でんぷんは、炭素、水素、酸素からできているため、使用後は水と二酸化炭素に分解されます。

オレイン酸ナトリウム液剤（商品名：オレート液剤）

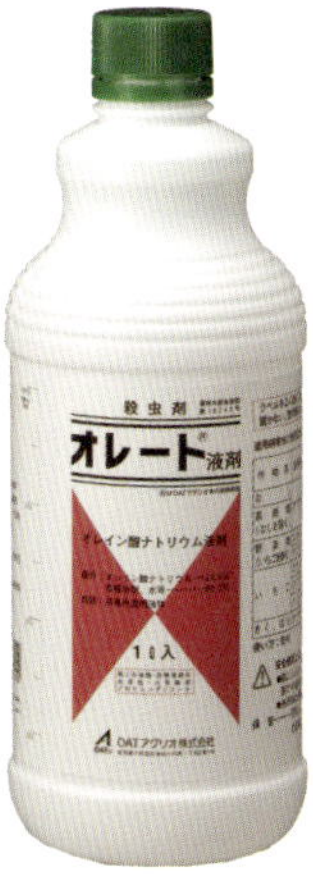

「オレイン酸ナトリウム」は、石鹸やシャンプーの洗浄成分に使われています。また、ミカンなどの皮膜剤としても使用され、食品添加物にも指定されているも

のです。

散布すると、害虫の体全体を覆い、呼吸器官を塞ぎ、害虫は死に至ります。また、病原菌に対しては、細胞膜を破壊し、死滅させます。

アブラムシやコナジラミ類、イチゴのうどんこ病などに効果があります。

コンパニオンプランツで予防

コンパニオンプランツは、２種類以上の植物を同じ畑に植え（混植）、両者もしくは片方の植物に、なんらかの効果を与える働きのある植物の組み合わせのことです。「効果」とは、たとえば、

・天敵を誘引して、定着させる
・害虫を寄りつきにくくする
・病原菌やセンチュウ類を寄りつきにくくする
・それぞれがもつ異なる性質が、互いの成長によい影響を与える

といったものが挙げられます。主な効果は、病害虫被害の抑制といえます。

ほかにも、根の張り方が浅いものと深いものを混植したり、背の高いものと低いものを混植することで、限られたスペースを有効に使うことができます。

土中で使う養分が異なるものを混植することで、ひとつの土地を効果的に活用します。

農薬を用いず、植物のもつ特徴を利用した方法だといえるでしょう。ここでは、よく用いられているコンパニオンプランツの例をいくつか紹介します。

1 マリーゴールドの混植でネグサレセンチュウを抑制

「センチュウ」とは、目にみえない小さな害虫の総称で、野菜の生育を妨げ、時に枯らしてしまったりします。特に同じ科の野菜を連作すると、特定のセンチュウが土壌に増殖し、被害が出やすくなります。

マリーゴールドを植えておくと、ネグサレセンチュウが根に侵入します。そこにある物質が作用して、ネグサレセンチュウは増殖できずに死亡し、結果としてネグサレセンチュウの密度を低下させることができるというわけです。

また、マリーゴールドの花には、アブラムシの天敵であるヒラタアブの飛来を促す働きもあります。

2 キャベツにムギを混植して、害虫予防

キャベツの畝の間にムギ類を植えると、ムギ類が目隠しの役割を果たし、害虫がキャベツをみつけにくくなります。また、ムギ類にはアブラムシが発生しますが、その天敵であるクモ、ゴミムシなどを呼び寄せ、すみかにもなります。

なお、ムギ類に発生するアブラムシは、イネ科以外の野菜には害を与えません。

3 デントコーンを栽培し、アブラムシの天敵を呼び寄せる

デントコーンは、主に動物の飼料となる大型のトウモロコシ。

アブラムシが繁殖しやすく、これを狙ってテントウムシ、クサカゲロウなどが集まってきます。呼び寄せられた益虫は、ついでに隣に植えてある野菜についたアブラムシを食べてくれます。なお、デントコーンに発生するアブラムシは、イネ科以外の野菜には害を与えません。

4 ウリ科の野菜のそばにネギ類を植えると、つる割れ病を抑制する

長ネギやニラなどのネギ類の根には、ウリ科によくみられる、つる割れ病を引き起こす病原菌の働きを抑制する拮抗菌が生息することがわかっています。

栃木県では、300年以上前から、ユウガオと長ネギを混植するという伝統的な栽培法があり、科学的にも連作障害を避けることが解明されています。

5 「緑肥」を活用する

ほかには、栽培した植物を、かりとらずに土と一緒にすき込み、次に栽培するものの肥料とする「緑肥」というものがあります。

●コブトリソウ

マメ科の植物。ネコブセンチュウの密度抑制に効果があるといわれます。前作して畑にすき込むと、ウリ科、ナス科の連作障害を軽減します。

●エンバク

イネ科の植物。ネグサレセンチュウの抑制効果があり、根菜類、アブラナ科の前作にします。

●ギニアグラス

イネ科の植物。各種ネコブセンチュウやネグサレセンチュウの密度を抑制します。トマトやキュウリの後作によいでしょう。

●クロタラリア

マメ科の植物。ネコブセンチュウ、ダイズシストセンチュウの密度を抑制します。

●白クローバー

マメ科の植物。マメ科のため、空気中の窒素をとり込み、土のなかに供給します。ほかの雑草が生えるのを抑制したり、土壌改良を目的に植えます。

極めれば芸術の域！ベジタブルガーデンで野菜を楽しむ

野菜を中心に、果樹やハーブ、草花、さらにおしゃれなエクステリアもとり入れて、みた目の美しさ、デザイン性にも気を配った菜園がベジタブルガーデン。フランス語ではポタジェともいいます。鑑賞と実用を兼ねた菜園だといえるでしょう。

楽しみ方もいろいろ。美しいベジタブルガーデンをつくるための、工夫をいくつか紹介します。

①ガーデンの周囲や管理用の小道をレンガ、木の柵、枕木などで囲むと一気に本格的な雰囲気になります。

②つるが伸びる野菜には、支柱の代わりにトレリスやラティスを使用して誘引すると、ナチュラルな印象になります。

③実、花、葉の色のバランスを考えてカラフルにします。

トマトの真っ赤な実、根元には黄色やオレンジのマリーゴールド、その横にはオクラの美しい花が咲く。

――このように、実や花の色、葉の色などのバランスを考えて菜園をデザインするのがベジタブルガーデンの醍醐味です。左の写真では、菜園に彩りを添える、美しい野菜の数々を紹介します。

芽キャベツ

レインボーカリフラワー

ナナイロトウガラシ

ブロッコリーの花

プッチーニ（ミニカボチャ）

Chapter 3

こだわりの地方野菜を栽培しよう!

日本全国で昔から育まれてきた地方野菜。F_1種が市場に台頭するなか、その土地の人々の文化や工夫によって、大切に受け継がれてきたこだわりの野菜であるともいえます。ぜひ、みなさんも地方野菜を自分で育て、その一端に触れてみてください。

日本で育った

地方野菜

日本には、その土地の風土にあわせて、長く伝え、育てられてきた地方野菜がたくさんあります。

各地の生産者にかわり、私が魅力を伝えます。

地方野菜はどのように生まれた？

現在、日本で栽培されている野菜は、原産地という点でいうと大きく2種類に分類されます。

ひとつは、古来から日本の野山に自生していた植物を食用として選抜し、栽培化した野菜です。

もうひとつは、縄文時代から平成まで、さまざまな時代に東西各国から導入された野菜。それが、日本で広まる過程で、その土地の風土に適応した品種・系統に分化し、各地に個性豊かな地方野菜が生まれました。

地方野菜の衰退

地方野菜は、長い間、各地域の

▼各国から日本に導入された野菜と日本古来の野菜

A 中国、東アジア
【古代〜14世紀】
カブ、食用ギク、ダイコン
レタス、ツケナ、ニンニク
【15〜18世紀】エダマメ
【19世紀〜現代】ハクサイ

B 日本に自生していた野菜
ウド、オカヒジキ、サンショウ、セリ、フキ、ミツバ、ミョウガ、ユリ、ワサビ

C ヨーロッパ
【古代〜14世紀】カブ
【15〜18世紀】シュンギク
【19世紀〜現代】
カリフラワー、キャベツ、
ブロッコリー、メロン、レタス

D 中央アジア
【古代〜14世紀】
ダイコン、ニンニク
【15〜18世紀】ソラマメ
【19世紀〜現代】タマネギ

E アフリカ
【15〜18世紀】スイカ
【19世紀〜現代】
オクラ、メロン類

F 中近東
【15〜18世紀】
エンドウ、ニンジン
フダンソウ、ホウレンソウ
【19世紀〜現代】モロヘイア

G 熱帯アジア、インド
【古代〜14世紀】
サトイモ、シソ、ショウガ、ナス
【15〜18世紀】
キュウリ、ニガウリ

H 北・中央アメリカ、メキシコ
【15〜18世紀】
インゲン、サツマイモ
トウガラシ、和種カボチャ
【19世紀〜現代】
スイートコーン、ピーマン

I 南アメリカ
【15〜18世紀】
ジャガイモ、トマト
【19世紀〜現代】
洋種カボチャ

縄文時代や弥生時代には、主に中国〜朝鮮半島や南方から野菜が入ってきており、近年になってヨーロッパからも多くの野菜が導入された。

2 地方野菜の数はどれぐらい？

野菜試験場育種部などのいくつかの機関による調査の結果から、現在までに存在が確認されている地方野菜は69種類 1000 〜 1200品種程度と考えられる。

3 首都圏でも栽培できる

特有の気候が必須条件と思われがちだが、首都圏で栽培したところ、原産の地域と同様もしくはそれ以上に収穫できたものがあった。ぜひ試してみよう。

生活文化を支える役割を果たしてきました。

しかし、高度経済成長による都市部の人口拡大により、生鮮食料品の安定供給が何よりの課題となりました。昭和30～40年代には、野菜の品種改良がすすみ、「一代雑種品種（F_1）」が登場します。F_1種は遺伝子が画一化されています。病気に強く、どのような条件下でも生育旺盛とくれば、農業生産者はこぞってこれを栽培するようになります。一方で、次世代は同じ野菜が育たないという特徴があり、生産者は毎年種を購入する必要がありました。種苗会社もF_1種の販売・開発にどんどん積極的になっていきます。

こうして、地域独特の、限られた自然条件下で栽培されていた地方野菜は、徐々に存在感をなくしていったのです。

今再び注目される地方野菜

野菜が安定的に供給されるようになった平成に入る頃、人々は味もみた目も同じものばかりの野菜に少し飽き飽きしていたのかもしれません。ナチュラル志向の広まり、地産地消・村おこし活動の普及、食の安全性が問われるなか、これらの流れと相まって、地方野菜が再び脚光を浴びはじめました。

京都府の地方野菜、聖護院カブ。日本最大とされる大きさが特徴。

地方野菜のよさというのはなんといってもその地域性。寒い土地では、その寒さが刺激となって生まれる特有の辛みや甘みがあります。土層が浅い地域では、それに応じた湾曲した野菜ができたりします。さらに、地方野菜はその鮮やかな色みや伝承を活かし、雑煮や鍋、漬けものなどの郷土料理に欠かせないものとして、人々の生活を今もなお彩っています。

それではここから、各地域の地方野菜をみていきましょう。

地域ごとにさまざまなならわしがある雑煮。

地方野菜種苗の入手方法

近年では、地方野菜の種苗を扱う種苗会社が増えてきている。インターネットで購入できるものもあるので探してみよう。

達人が教える 地方野菜を知る3つのキーワード

1 個性的なみた目と野性味あふれる味

F_1種のようにきれいには揃わない形、大きさ、土地の気候を色濃く映した味が最大の魅力。地域の生活に根ざした食べ方があり、まさに伝統文化といえる。

厳しい寒さと自然環境が野菜の甘みを強める

北海道・東北地方

札幌大球キャベツ（北海道）
1球の重さが8～13kgにもなる。晩生で生育期間は155日程度かかる。
とんぶり（秋田県）
ホウキグサの実を加工したもの。プチプチした食感から「畑のキャビア」とも呼ばれる。
福地ホワイト
北海道
仙台曲がりネギ（宮城県）
ある程度育ったネギを一度抜きとり、傾斜をつけた土の上に寝かせて定植することで曲がる。
民田ナス（山形県）
江戸時代、民田地域に京都の宮大工が種をもち込んだのがはじまりとされる。極早生種。
青森
秋田
岩手
暮坪カブ
五葉マメ（福島県）
名前のとおり、小葉数が5枚ついたエダマメ。香りと甘みが強く、おいしい。黒五葉という黒豆もある。
オカヒジキ（山形県）
置賜《おきたま》地方の野菜。葉の形が海藻のヒジキに似ている。シャキシャキした食感。
山形
宮城
福島

寒さを活かした栽培法と、長期保存用の漬けもの文化が発展

積雪が多く、厳しい寒さが長く続く北海道・東北地域。この寒さと雪を利用してさまざまな地方野菜が育てられてきました。野菜のなかには、寒さにあたると甘みが増すものが多くあります。たとえば、ホウレンソウは0度になると生育が止まり、葉が凍らないよう糖分を蓄えます。あえて寒気にさらして甘みを増す「寒締めホウレンソウ」などは、その気候を利用したものといえるでしょう。青森県の「福地ニンニク」も、厳しい寒さに耐えることで甘みと栄養分を蓄えます。

もうひとつ発展したのが漬けもの文化。この地域は、冬は雪に閉ざされ、かつては物流も滞ることもあったため、冬に食べる食糧は秋のうちに蓄えておく必要がありました。長く保存するための方法として発展したのが漬けものです。なかでも、ダイコンを火でいぶり、タクワンにした「いぶりがっこ」は、今では秋田県の名産品のひとつになっています。

青森県

福地ホワイト——ニンニク

昭和30年代後半、青森県農業試験場がニンニクの優良品種を選定するために県内から集めた品種のひとつです。積雪が多い地域で、水田転作の重要品目になっています。1個のりん片が大きく、表皮、りん片ともに純白で美しいのが特徴です。

栽培方法

栽培に向くのは関東以北の冷涼な地域。積雪が少ない地域では**マルチ**栽培、多い地域では普通栽培で育てる。9月下旬～10月上旬に**植えつける**。翌年3月頃と、4～5月頃に**追肥**。6月～7月に葉が黄変したら収穫適期。できるだけ晴れた日に収穫するのがコツ。

マルチ栽培では、**植えつけ**1カ月後ぐらいに**マルチ**穴に引っかかっている芽を出してやる。

栽培カレンダー

(月)
1 2 3 4 5 6 7 8 9 10 11 12
植えつけ
追肥・土寄せ②
追肥・土寄せ①
追肥
収穫

岩手県

暮坪カブ

岩手県遠野市の「暮坪《くれつぼ》」という地区が主産地。長さ約20㎝の長根白カブで、地上に露出する部分は緑色をしています。辛みがダイコンの14倍とかなり強く、漫画『美味しんぼ』で「究極の薬味」として紹介されました。

栽培方法

日本全国で栽培可能。地域にもよるが、9月に種まきをして、11～12月上旬に収穫するとよい。基本的な育て方は、カブと同じ。特徴の辛みは、寒さや土地がやせているなどのストレスによって変わる。多肥は避けて栽培する。根の太さが4～5㎝になったら収穫適期。おろしてそばに加えれば最高!

栽培カレンダー

(月)
1 2 3 4 5 6 7 8 9 10 11 12
種まき
間引き
追肥・土寄せ
収穫

関東・甲信越地方

大消費地・江戸を支えるために野菜づくりが発展

巾着なす（新潟県）
絞った巾着のような形をした大型のなす。果肉がしっかりしていて、蒸して味わうのが一番。
三仏生《さんぶしょう》トマト（新潟県）
小千谷市三仏生で生産され、一時途絶えたが、市が普及に乗り出している。
ベニアカ（埼玉県）
川越地方で栽培されるため「川越イモ」とも。
ユウガオ（栃木県）
実をひも状にして天日に干し、カンピョウにする。栃木県での栽培の歴史は280年余り。
下仁田ネギ
新潟
野沢菜（長野県）
野沢温泉村で230年以上にわたり栽培。
群馬
栃木
長野
茨城
のらぼう菜（東京都）
前年に植えつけ、春に花茎を一気に伸ばす。この花茎を折っておひたしや炒めもので食べる。
埼玉
東京
千葉
山梨
神奈川
ハグラウリ（千葉県）
柔らかく、歯がぐらつく人でも食べられることから名がついた。多くは鉄砲漬けに使用。
三浦ダイコン
赤ネギ（茨城県）
水戸地方の特産。特徴の赤い葉鞘《ようしょう》は、株や畑の状態によって発色が異なる。

大都市・東京にも残る地方野菜

徳川家康によって幕府が開かれた江戸。平和の世になり、人口130万都市に発展します。しかし、あまりに急激に人口が増えたため、食糧需要が追いつかず、特に生鮮野菜が不足します。そこで、江戸や周辺地域では、野菜づくりが奨励されていきます。たとえば、現在の東京都江戸川区小松川付近が発祥といわれるコマツナは江戸時代に栽培がはじまった野菜。そのほか、練馬ダイコン、千住ネギなども栽培が盛んでした。

関東平野は、水はけのよい関東ローム層が広がり、野菜栽培に適した土壌。江戸時代から現代まで、大消費地・東京に新鮮野菜を供給するため、さまざまな野菜が導入され、栽培されてきました。

茨城、栃木、群馬県の北関東3県ではネギやダイコンが栽培され、長野、新潟県などでは漬け菜やナス、カブなど、高地や雪深い気候のなかで育まれた野菜が受け継がれています。

群馬県

下仁田ネギ

江戸時代から続く、群馬県甘《かん》楽《ら》郡下仁田町特産の長ネギ。他品種に比べ短く太っています。生産地ではすき焼きの主役。鍋に牛脂を入れ、まず、切った下仁田ネギを立てて置きます。すると、ネギ特有の甘い香りが漂いじつに美味。

以前、すき焼き屋さんでせっかちに肉を所望したところ、「まずはネギの香りをお楽しみください」といわれてしまいました。

栽培方法

栽培期間が約15カ月間と、ほかのネギに比べて長いのが特徴。10月中旬に種をまき、翌年4月に仮植え（本格的な**植えつけ**前に、苗を一時的に土のなかに植えること）、7〜8月に**定植**して、12月〜2月にかけて収穫する。**株間**は広めに10㎝とる。収穫は2〜3回、霜にあててからはじめる。

苗を**定植**する際にはまっすぐに立て、土とワラで押さえる。

栽培カレンダー

（月）

1	2	3	4	5	6	7	8	9	10	11	12
									種まき		
			仮植え			定植					
								追肥・土寄せ			
収穫											収穫

神奈川県

三浦ダイコン

下膨れの形が特徴。そのため、抜くときには非常に力が必要です。長く、抜きにくいことなどから、作付面積でいうと現在は青首ダイコンのほうが主流になっています。おでんやふろふきにすると絶品。

栽培方法

三浦市では、種まきを9月に行い、1〜2回の**間引き・追肥・土寄せ**をして、12〜3月に収穫というのが一般的。**株間**は、普通のダイコンよりやや広く35㎝ほどあける。根が長くなるので、畑はよく耕すこと。収穫はかなりの重労働。力み過ぎて腰を痛めないように。

ダイコンの形を確かめるようにゆっくり抜くのがコツ。

栽培カレンダー

（月）

1	2	3	4	5	6	7	8	9	10	11	12
								種まき			
									間引き		
									追肥・土寄せ		
	収穫										収穫

東海地方

変化に富む自然環境が個性豊かな野菜を育む

チョロギ（岐阜県）

シソ科の多年生宿根草。地下で巻貝状の塊茎が多数できる。梅酢漬けにしたものがお節料理に使われる。

鶴首カボチャ（愛知県）

鶴の首のような形が特徴の日本カボチャ。ねっとりしていてコクがあり、ポタージュにするとおいしい。

石垣イチゴ（静岡県）

山の斜面を利用して栽培することで日光が十分にあたり、メロンほど甘いといわれるイチゴができる。

エビイモ（静岡県）

サトイモの一種「唐芋」を独特の方法で栽培したもの。エビのような縞模様がある。高級京料理に欠かせない材料。

石垣イチゴ

明治29年頃、久能山東照宮に仕えていた川島常吉が、宮司からもらいうけたイチゴの株を石垣のそばに植えると、ランナーが石垣の間に伸びて育ち、ほかのイチゴに比べて早く収穫することができました。これが石垣イチゴのはじまりとされています。

温暖な太平洋岸地域と寒暖差の激しい飛騨・美濃地域

静岡から愛知、三重県の太平洋岸は、温暖で雪も少ない地域です。夏は雨が多く、冬は乾燥した気候であるというのも特徴。古くから豊かな農業地帯であり、野菜はもちろん、特に静岡県では、茶やミカンなどの栽培も盛んでした。明治の終わり頃から、傾斜した土地と石の輻射熱を利用した「石垣イチゴ」の栽培が試みられ、温室がない時代においしいイチゴを育てる方法を生み出しました。

内陸にあり、起伏の差が大きい岐阜県は「飛騨地方」と「美濃地方」に分けられます。標高が高く冷涼な山岳地帯である飛騨地方は、冬、厳しい寒さに覆われます。その寒さが、飛騨紅カブのような色が濃く耐寒性の強い野菜を育てました。一方、低い山に囲まれた美濃地方は、夏は酷暑に、冬は厳しい寒さに見舞われます。この独特の自然環境が、チョロギや守口ダイコンといったユニークな地方野菜を育んできました。

岐阜県

飛騨紅カブ

江戸時代から栽培されてきた紫赤色の地元品種「八賀カブ」から、真紅の突然変異カブが発見され、選抜・育成してつくられました。酢漬けにすることで、目がさえるように美しい天然のピンク色に染まります。

飛騨紅カブの漬けものづくりは現地で見学しましたし、自宅でもつくっています!

栽培方法

種まきは、冷涼地では8月下旬～9月上旬、平坦地では9月中旬頃に行う。発芽後は適宜、**間引き**をしながら育てる。収穫は10月下旬～11月下旬。直径5～7㎝に育ったものから順次収穫する。高温期は虫害にやられやすいので防虫ネットをするとよい。

栽培カレンダー

(月)	1	2	3	4	5	6	7	8	9	10	11	12
種まき								━				
間引き									━	━		
収穫										━	━	

岐阜県

宿儺《すくな》カボチャ

宿儺カボチャは、鶴首カボチャと形がそっくりな西洋カボチャです。西洋カボチャはどんな料理にも向くといわれますが、そのとおり、煮ても焼いても揚げても最高においしい。病気にやや弱いところがありますが、おすすめです。

栽培方法

5月に種まきをして、収穫は8月下旬～9月が一般的。種子は嫌光性なので、しっかり**覆土**する。つるは**子づる**を4本程度伸ばし、開花したら**受粉**作業を行う。25度以上の高温になると、花粉が死んでしまうので、早朝に行うのがコツ。

果実はオレンジ色。また、ほかの長カボチャと区別するため宿儺カボチャには特定のシールが貼られている。

栽培カレンダー

(月)	1	2	3	4	5	6	7	8	9	10	11	12
種まき					━							
人工受粉							━	━				
追肥						━	━	━				
収穫									━	━	━	

北陸地方

豊穣な大地がうみ出す種類豊富な野菜と食文化

どっこキュウリ（富山県）
高岡市で栽培されている。長さ30㎝、太さ7㎝、重さ1kgと重量級。漬けものより、あんかけや詰めものなどに向く。
入善ジャンボスイカ（富山県）
楕円形で、15 〜 25kgほどにもなる特大スイカ。栽培の歴史は130年以上で、入善町での生産が盛ん。
打木赤皮甘栗カボチャ
加賀太キュウリ
富山
石川
福井
越前白茎ゴボウ（福井県）
茎や葉を食べる葉ゴボウ。春、30 〜 50㎝に伸びた頃がアクが少なく、最も美味。地元では「白ゴンボ」とも。
ラッキョウ（福井県）
三里浜砂丘一帯が産地。塩漬けにした「花ラッキョウ」が有名。2 〜3年おき、あえて小粒で収穫する。

加賀百万石の城下町のもと花開いた北陸の野菜

北陸といえば、まず思い浮かぶのが「加賀野菜」でしょう。北陸は豪雪地帯ですが、その気候と、北アルプスなどの山々やいくつもの大きな河川に囲まれた肥沃な土地をうまく利用した地方野菜がつくられてきました。しかし、時代の流れとともに徐々に生産量が減っていきました。

そこで、石川県金沢市では、郷土に伝わる地方野菜を後世に残そうと、平成9年から加賀野菜の認定をはじめ、現在では15品目ほどになっています。栽培が減っている野菜は、積極的なPR活動とともに、市を挙げて、種の保存に力を入れています。

加賀野菜認定15品目

- 加賀レンコン
- 源助ダイコン
- サツマイモ
- 金沢一本太ネギ
- セリ
- 二塚カラシナ
- クワイ
- タケノコ
- 加賀太キュウリ
- 金沢シュンギク
- 金時草
- 打木赤皮甘栗カボチャ
- ヘタ紫ナス
- 加賀ツルマメ
- 赤ズイキ

石川県

打木赤皮甘栗カボチャ

円錐栗型で、1〜1・2kg程度。魅力は濃いオレンジ色の果皮。夏、緑が多い畑のなかで、よいアクセントになります。果肉は甘く、しっとり。煮て食べるのが一般的ですが、その色を活かしてお菓子、スープなどにも利用されています。

栽培方法

ほかのカボチャとほぼ同じ。**雌花**が開花したら、午前中に**受粉**をするのがポイント。果実が成長しはじめたら、下にワラを敷いて保護する。**受粉**後約40日が収穫の目安。果実が赤く、ヘタが枯れてきたら収穫のサイン。

幼果は黄色い。

栽培カレンダー

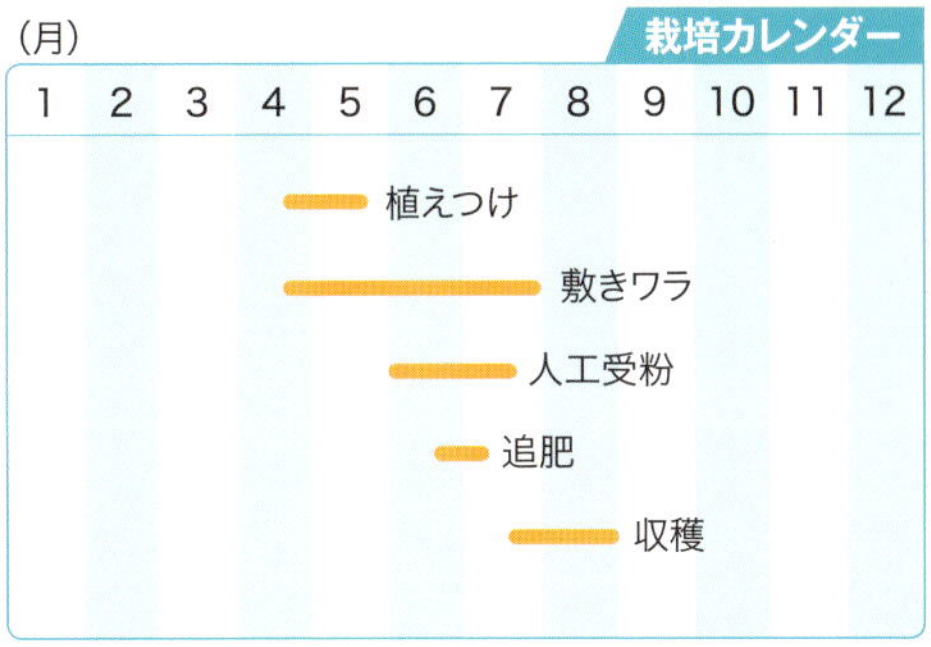
(月)
1 2 3 4 5 6 7 8 9 10 11 12
植えつけ
敷きワラ
人工受粉
追肥
収穫

石川県

加賀太キュウリ

加賀太キュウリは、まず、その大きさに驚くでしょう。ずっしりと重く、**支柱**が倒れるのではないかと思うほどです。大きさに反して、とても柔らかく、シャキシャキとした食感。生食よりもあんかけにして食べるととてもおいしいです。

栽培方法

栽培法はキュウリと同じだが、**親づる**の節ごとに**雌花**がつく節なり性ではなく、果実も大きいため、1本あたりの収穫本数は10本程度。生育が旺盛なので、**追肥**をしっかり行うのがポイント。また、つるの成長が旺盛なので、**株間**も普通のキュウリよりも広めに60㎝ぐらいとるとよい。

株間は60㎝程度と広めにとる。

栽培カレンダー

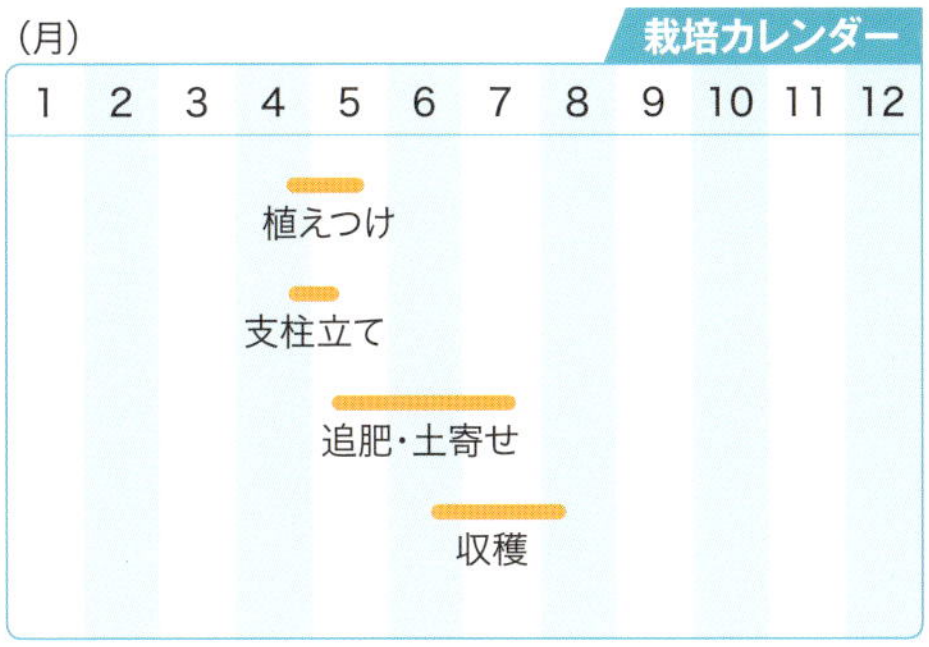
(月)
1 2 3 4 5 6 7 8 9 10 11 12
植えつけ
支柱立て
追肥・土寄せ
収穫

関西地方

古《いにしえ》より受け継がれる和食文化を彩る独自野菜

聖護院カブ(京都府)
江戸時代に栽培がはじまり、最初は扁平だったがだんだん丸型に。日本現存のカブのなかでは最大で1個1〜1.5kgにもなる。
日野菜カブ(滋賀県)
その色から別名「緋の菜」「あかな」とも。独特の辛みがある。
伏見甘長トウガラシ
鹿ヶ谷カボチャ
京都
滋賀
兵庫
大阪
奈良
和歌山
水ナス(大阪府)
泉州地区の特産。名のとおり、絞ると水があふれ出る。昔は農作業中、このナスを食べて喉の渇きを潤したともいわれる。
丹波黒大豆(兵庫県)
大粒の黒豆で甘く煮ても皮破れが少ない。漫画『美味しんぼ』でビールとともに食す最高のエダマメとして紹介され、一躍有名になった。
石川早生(大阪府)
サトイモの代表的な品種で栽培記録は奈良時代から。早生種で、旬は8〜9月。

地方野菜のブランド「京野菜」「なにわ野菜」

平安の時代から国の都として伝統を紡いできた京都府、「天下の台所」と呼ばれた大阪府を抱える関西地区は、古くから二大文化・経済圏として栄えてきました。

京都府は、夏の暑さ、冬の寒さともに厳しい気候が特徴です。寺社が多いことから精進料理などの文化が発達し、その食材として野菜は欠かせないものでした。

また、長く政治、文化の中心であったことから、各地からさまざまな野菜がもたらされました。京都府の気候・風土のなかで洗練されながら今日まで伝承されてきたものが多くあります。京都府では、府内で生産されている野菜を京野菜とし、特に明治以前から栽培されているものを「京の伝統野菜」と認定しています。

一方、大阪府にも歴史のある野菜がたくさんあります。100年以上の栽培歴がある、苗・種子の来歴が明らかである、などの基準を設け、「なにわの伝統野菜」として17品目が認定されています。

京都府

鹿ケ谷カボチャ

日本カボチャ。180年ほど前、青森県から導入されて、現在の左京区鹿ケ谷付近で栽培がはじまりました。ひょうたんのような形が特徴。食感はねっとりしていて、くびれの上と下では、下のほうが甘くおいしい。

栽培方法

種を直まきする場合は4月下旬以降、**ポリポット**で育苗する場合は4月まき。**子づる**は4本仕立てにして、15節に3～4個程度をならせるようにすると、比較的きれいなひょうたん形になるといわれる。**受粉**後 35 ～ 40日して、実の表面に白い粉が出てきたら収穫。

受粉後にできた**幼果**。

栽培カレンダー

(月)

1	2	3	4	5	6	7	8	9	10	11	12

種まき(直まき)

人工受粉

追肥

収穫

京都府

伏見甘長トウガラシ

長さ10～15㎝と細長く、別名「ひもとう」とも呼ばれています。トウガラシですが辛みはありません。果肉は柔らかで、てんぷら、煮もの、焼きものと、さまざまな料理に使われます。栽培は比較的簡単です。

伏見甘長トウガラシは、京都の伝統野菜として認定されています。

栽培方法

植えつけは地温が 18度以上と、十分に温かくなってから行う。病気には強いが、そばに辛みの強い品種を植えると、後代は**交雑**して辛くなるので、辛くしたくなければ近くには植えないほうがいい。まっすぐな形のよいものを収穫するには、**整枝**して風通しをよくし、日光をよく当てることがポイント。

栽培カレンダー

(月)

1	2	3	4	5	6	7	8	9	10	11	12

植えつけ

追肥・土寄せ

整枝

収穫

中国地方

ふたつの海に挟まれた異なる風土で育まれる野菜

徳佐《とくさ》ウリ（山口県）

ラグビーボール形の白ウリ。肉質は厚く、奈良漬けや浅漬けにすると歯切れがよくおいしい。

砂丘ラッキョウ（鳥取県）

1球が大きく、純白でシャリシャリとした歯ごたえがあり、品質は最高級。

備前黒皮カボチャ（岡山県）

濃緑色でコブの多い日本カボチャ。肉質はやや粗いが、粘質で、水分をよく含み、煮ものにするとおいしい。

砂丘地でラッキョウができると聞いて驚く人もいるかもしれません。
ラッキョウの産地として最も有名なのは鳥取砂丘ですが、ほかにも福井県の三里浜砂丘や鹿児島県の唐浜砂丘などがあります。ラッキョウは強い生命力で砂地ややせ地でも十分に育つことができるため、砂丘で好んで栽培されています。

郷土料理を支える野菜、郷土を救った野菜

中国地方といっても、瀬戸内海と日本海に面する側では、気候・風土が大きく異なり、それぞれに特色のある野菜が育まれてきました。

瀬戸内海に面する岡山、広島県は、温暖な気候に恵まれ、地方野菜が数多くあります。広島県の地方野菜「広島菜」は、長野県の「野沢菜」、九州の「高菜」と並び、日本三大漬け菜のひとつ。主に漬けものに使われますが、葉でそのままご飯をまいておにぎりにして食べる郷土料理もあります。柔らかい葉ならではの食べ方でしょう。岡山県も温暖な気候で、年間を通して晴れる日が多い地域。「備前黒皮カボチャ」の産地・牛窓町は、日本のエーゲ海ともいわれる風光明媚なところで、昔から野菜栽培が盛んです。

一方、日本海側の地域は、地方野菜の数はそれほど多くはありませんが、土壌を活かした野菜として、鳥取県のラッキョウが挙げられます。

広島県

広島菜

別名「きょうな」「ひらぐき」とも呼ばれます。明治時代に結球するハクサイが日本に入ってくるまで、広島菜のように結球しないものが漬けものに使われていました。独特の食感と歯切れのよさが魅力で、今も広島菜の用途は漬けものがメインです。

栽培方法

冷涼地では夏まきもできるが、耐暑性がない。中間地、温暖地では、秋まきで年末ぐらいに収穫するとよい。直まきの場合、**株間**30cmで1穴に5粒まき、**間引き**ながら育てる。霜が降りるごとに柔らかく、味わいが増していく。株が大きくなるので、肥料を切らさないように注意する。

肥料を切らさないよう、適宜追肥する。

栽培カレンダー

(月)
1 2 3 4 5 6 7 8 9 10 11 12
種まき
間引き
収穫

島根県

津田カブ

地中部分は白く、地上に出た赤紫の部分はアントシアニンが豊富。肉質はきめ細やかで、漬けもの、煮ものにして食べると甘みを感じます。産地・島根県では「津田カブ漬け」は冬の食卓になくてはならない一品です。

栽培方法

8月下旬～9月に種まきをして10月下旬～12月に収穫する。**早生**でス入りが早いので、暖かい日が続くときは注意。種まきから60日が収穫の目安。根の直径が6～7cmになったものから順次収穫する。水洗いして塩漬けにしたり、天日干しして漬けものにする。

漬けものづくりの様子。

栽培カレンダー

(月)
1 2 3 4 5 6 7 8 9 10 11 12
種まき
間引き・追肥・土寄せ
収穫

津田カブはその形もおもしろい！よく頭に2本かざして牛のまねをしたな～。

四国地方

関西、関東の風物詩となっている有名地方野菜も

伊予緋かぶ（愛媛県）
濃い赤紫の色素はアントシアニン系で、柑橘系果汁かクエン酸を加えると鮮やかに発色する。香りがよく肉質がつまっている。
阿波みどり（徳島県）
長さ30㎝ほどの円筒形の白ウリ。主に奈良漬け用につくられており、品質は最高級。
香川
金時ニンジン
徳島
絹かわなす
愛媛
高知
十市《とおち》小ナス（高知県）
小ナス。光沢のある濃い黒紫色とヘタのすぐ下に見える白い「へた抜き」のコントラストが魅力。へた抜きとは、果実の肥大が早いため、へた下の白色が残ること。
弘岡カブ（高知県）
白く滑らかな肌が美しいカブ。一果は重さ800g～1kgになる。肉質が柔らかく、べったら漬けに適している。

地形や気候の違いで異なる農法

温暖な気候に恵まれた地域ですが、瀬戸内側と太平洋側で事情が異なります。

瀬戸内側は、季節風が南北の山に遮られ、雨が少ない地域。そのため、香川県では、雨が少なくても育つ小麦の栽培が盛んになり、うどん文化が発展しました。愛媛県は温暖な気候を活かした柑橘類が有名ですが、ソラマメ、サトイモなども昔から栽培されてきました。

一方、太平洋側は、黒潮の影響であたたかく、年間降雨量が多いのが特徴です。高知県は、現在は野菜の生産地として重要な地位にありますが、意外なことに地方野菜の数はあまり多くありません。それは古くから促成栽培の技術を発達させたため、地方野菜として残ったものが少ないからだと考えられます。徳島県では、県内最高峰の剣山を活かした傾斜地農業でイモの栽培が行われたり、イチゴの品種改良に早くからとり組み、夏秋期に収穫する夏秋イチゴを誕生させました。

香川県

金時ニンジン

京阪神市場では香川県産が圧倒的シェアを占めています。特徴は鮮やかな紅色と長さ30㎝、直径4～5㎝という細長い形。カロテンのほか、抗酸化作用があるリコピンも豊富です。掘るのは大変ですが、煮ものにすると最高においしいです。

栽培方法

秋まきが適していて、時期は8月中。地中に細長く伸びるので土をよく耕し**高畝**にする。種まき前にまき溝に十分水をやり、発芽まで乾かさないのがポイント。生産地では発芽まで毎日2～3回水やりをするという。**覆土**も薄くする。適宜**間引き**を行い、品種にもよるが80～120日程度が収穫の目安。

栽培カレンダー

(月)	1	2	3	4	5	6	7	8	9	10	11	12
種まき								●				
間引き・追肥								●	●			
収穫										●	●	●

愛媛県

絹かわなす

愛媛県西条地区のみで、品種改良されることなく栽培されてきました。この地域を流れる湧水「うちぬき」は名水百選にも数えられていて、その恩恵を受けたまろやかでアクのない味が魅力。皮が非常に薄く、種はほとんどありません。

栽培方法

基本的な栽培方法はほかのナスと同じ。絹かわなすの特徴は皮が非常に薄いこと。風で揺れた葉が表皮に触るだけで傷がつくこともある。産地では、水や有機質肥料を十分に与え、3本仕立てで育てるという。

生産農家が非常に少ない貴重なナス。まろやかでやわらかい口当たりで、煮ても焼いても美味。

栽培カレンダー

(月)	1	2	3	4	5	6	7	8	9	10	11	12
植えつけ				●	●							
追肥・土寄せ					●	●	●	●	●			
整枝						●						
収穫					●	●	●	●	●	●		

九州・沖縄地方

南国の気候が育んだ栄養たっぷりの健康野菜が豊富

女山ダイコン（佐賀県）
長さ80㎝、重さ10㎏と大きい。肉質はきめ細かく、料理法は幅広い。
かつお菜（福岡県）
タカナの仲間で博多の雑煮にはつきもの。アクが少なく煮もの、鍋ものに向く。
雲仙コブタカナ（長崎県）
成長すると葉柄の中央に親指大のコブができる。コブは特に歯切れがよく珍味。
シカクマメ（沖縄県）
沖縄では「うりずん」と呼ばれる。四角形の実が特徴で豆と花を食べる。地這いにすれば地中にイモができ、食用にできる。
モーウイ（沖縄県）
地這いで育て、重さ約500g以上になる。キュウリの一種。青臭さがなく、生食でも美味。
島ニンジン（沖縄県）
東洋系の黄色いニンジン。50㎝にもなる細長い形と爽やかな香りが特徴。
長崎ハクサイ（長崎県）
半結球のハクサイ。鍋ものから正月の雑煮まで、長崎の人々の暮らしに深く根づく。
福岡
佐賀
長崎
大分
熊本
宮崎
鹿児島
水前寺菜
安納イモ
沖縄

在来品種が多い九州南部、沖縄は個性的な野菜がたくさん

九州北部は、野菜栽培の歴史が浅い地域も多く、在来品種はあまり多くありません。一方、在来品種が多いのは熊本県や鹿児島県あたり。熊本県では阿蘇山の豊かな湧水を利用した栽培が行われてきました。郷土に深く根づいているものも多く、水前寺菜は食用のほか、染料として利用されることもあります。また熊本市では、近年、食文化に関わりが深く一定の栽培歴史がある15品目（水前寺菜、水前寺もやし、ひともじなど）を選び、「ひご野菜」に指定しています。鹿児島県は、桜島ダイコンを筆頭にダイコンの在来品種が豊富です。また、「薩摩」の名にあるように、サツマイモの在来品種もたくさんみられます。

沖縄県は健康野菜の宝庫。中国や東南アジアの国々の影響を受けて、独特の食文化をもち、それを支える地方野菜が豊富。なかでも、ゴーヤーは近年、最も有名になった地方野菜といえるでしょう。

鹿児島県

安納イモ

焼き芋にすると、表面からじわっと蜜があふれ出てくることから「蜜いも」とも。濃厚な甘さととろける食感は極上。鹿児島県安納地区が栽培地で、人気の高まりとともにインターネットや園芸店などでも買えるようになってきました。

栽培方法

通常のサツマイモと同様に成長点を埋めないように**植えつける**。高温を好み乾燥に弱いので、**マルチ**を張って地温を上げ、水やりをしっかり行う。収穫適期は**植えつけ**から120日程度。収穫してから1～2カ月おいて追熟すると甘みが格段に増す。

産地の種子島では、昔から「つるしイモ」として軒先にかけて保存していた。

栽培カレンダー

(月)

作業	時期
植えつけ	5月～6月
除草・土寄せ	5月～8月
収穫	9月～10月

ヒーターなどを活用して温床のような状態をつくれば育苗することもできます。

熊本県

水前寺菜

東南アジアが原産とされ、熊本県では伝来後すぐに栽培されるようになりました。他県では金時草、ハンダマなどとも呼びます。茹でると黒くなりぬめりがでて、海藻のような食感になります。

栽培方法

種ができにくいので、栽培は野菜として売られているものを使って**さし木**で行うのが基本。近年は園芸店などでも苗を入手できる。寒さに弱く、5月の大型連休あたりから苗を**植えつける**。泥はねよけに根元にワラなどを敷くとよい。収穫は**植えつけ**40日後ぐらいから。先端から20cmのところを切りとる。**わき芽**を伸ばし、順次、収穫する。

栽培カレンダー

(月)

作業	時期
植えつけ	5月頃
追肥	5月～8月
収穫	6月～9月

茹で汁は鮮やかな赤! ゼラチンとまぜてゼリーとして食べられます。

スーパーフードを育てよう

「スーパーフード」という言葉を聞いたことがあるでしょうか。これは、1980年代、アメリカやカナダで、食事療法を研究する医師、専門家の間で使われはじめた言葉です。

日本スーパーフード協会では、スーパーフードを以下のように定義しています。

①栄養バランスに優れ、一般的な食品より栄養価が高い食品であること。あるいは、ある一部の栄養・健康成分が突出して多く含まれる食品であること。

②一般的な食品とサプリメントの中間にくるような存在で、料理の食材としての用途と健康食品としての用途をあわせもつ。

具体的には、スピルリナ、マカ、カカオ、チアシード、アサイーなど。最近では、〝ハリウッド女優が食べている〟というふれ込みで日本でも話題になっています。かくいう私も、じつは育てて食べたことがあります。栽培はいたって簡単です。数あるスーパーフードのなかでも、家庭で栽培できそうなものとして、クコとブロッコリースーパースプラウトについて、紹介しましょう。

➔クコ

ナス科の落葉低木です。よく杏仁豆腐の上に乗っている赤い実です。ビタミン、ミネラル、β-カロテンを豊富に含み、コレステロール値を下げる働きもあるといわれます。

苗はインターネットなどで入手できます。水はけのよい土に植え、日当たりのよい場所で管理します。丈夫な性質なので、元肥は不要で、年に一度堆肥などを施す程度。観葉植物用の肥料で問題ありません。適宜剪定して、風通しをよくしましょう。果実は晩秋に色づきます。

⬅ブロッコリースーパースプラウト

スプラウトは新芽のこと。園芸店などで種を入手したら、あとは、普通のスプラウトを育てる方法と同じです。水を含んだスポンジなどの上に種をまき、日当たりのよい場所に置くだけです。解毒作用、抗酸化作用があるスルフォラファンが豊富。発芽から3日目が最もスルフォラファンが多く、それがブロッコリースーパースプラウトと呼ばれます。

Chapter

4

中国野菜・おもしろ野菜のつくり方

現在日本の野菜として普及しているもののなかにも、中国野菜を起源とするものは多く存在します。1972年の日中国交正常化を機に急速に広まった中国野菜とともに、目と舌を楽しませる世界中のおもしろ野菜を紹介します。

中国野菜

コウサイタイ

▼アブラナ科

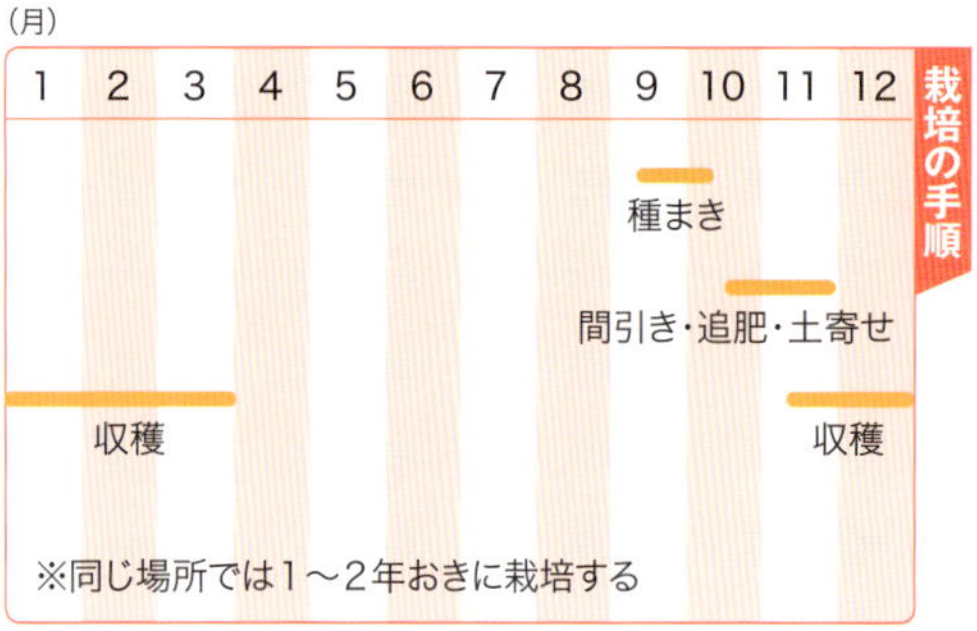

(月)
1 2 3 4 5 6 7 8 9 10 11 12
栽培の手順
種まき
間引き・追肥・土寄せ
収穫
収穫
※同じ場所では1～2年おきに栽培する

土づくり

● **種まき2週間前まで**
苦土石灰150g/㎡

● **種まき1週間前まで**
堆肥2kg/㎡、化成肥料100g/㎡

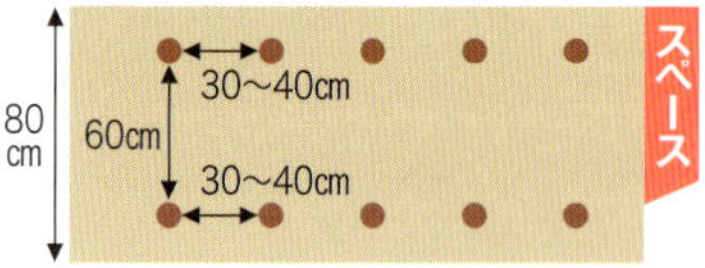

スペース
80cm
60cm
30～40cm
30～40cm

赤紫の茎と黄色い花のコントラストが美しい

知る▼ 原産地は揚子江《ようすこう》中流の湖北《こほく》省。漢字で書くと「紅菜苔」、和名では「紅《べに》菜花《なばな》」。1970年代、日中国交正常化を機に中国野菜ブームが起き、本格的に栽培されるようになったといわれます。

赤紫の葉の根元や茎が特徴です。

育てる▼ **花蕾**を摘みとったあと、**わき芽**がよく育つため、長く収穫が楽しめます。収穫は、茎を触ってみて、手で折れるところで折って摘みとります。

食べる▼ 食用にするのは、**とう立ち**した菜の花のように黄色い**花蕾**と若い茎の部分。ただし、茎は花が咲くと硬くなるので、できるだけ開花前のものを摘みとるとよいでしょう。茎は鮮やかな赤紫色をしていますが、茹でると色素が溶け出し緑色になります。特有の粘りがあり、味はクセがなく、ほんのりと甘みがあります。β－カロテンを多く含むほか、カルシウムやカリウム、鉄分などのミネラル分も豊富です。

［中国野菜］コウサイタイ

1 種まき

深さ1㎝のまき溝をつくり、種を1㎝間隔でまく。**覆土**したら軽く手で押さえ、たっぷり水をやる。

2 間引き・土寄せ

双葉が開いたら**株間**3㎝になるように**間引き**、株元に軽く**土寄せ**。

3 間引き・追肥・土寄せ

本葉が3枚ぐらいの頃に**株間**10㎝に**間引く**。**化成肥料**30g/㎡**追肥**し、**土寄せ**。

4 間引き・追肥・土寄せ

本葉5〜6枚ぐらいの頃に**株間**30㎝に**間引く**。**化成肥料**30g/㎡を**追肥**し、**土寄せ**。

5 収穫

開花前の柔らかい茎を手で折れるところでとる。株を大きく育てたいのであれば、年内は収穫せずに、年明けからにするとよい。

藤田智の気ままな野菜学

茹で時間は短くさっと

コウサイタイは、ほかのナバナ類と同じく、むき出しのまま置いておくと、すぐにしなびてしまいます。湿らせた新聞紙で包み、袋に入れて冷蔵庫で保存します。その際、生えていた状態と同じように、根があるほうを下にして入れるとよいでしょう。

茹で時間は塩を軽く入れたたっぷりの湯で、30秒〜1分ぐらい。茹でたら、冷水にとってさらしましょう。

収穫の仕方を変えれば収量アップ

秋まきの場合、花が1〜2輪咲いたところで、下葉3枚程度を残して切りとります。すると、**わき芽**が出てきます。これを伸ばすようにすると、長く収穫ができます。基本的に病害虫に強い性質ですが、高温期はアブラムシやコナガがつくことがあるので、**寒冷紗**などで覆い、防除するとよいでしょう。

中国野菜

カイラン

▼アブラナ科

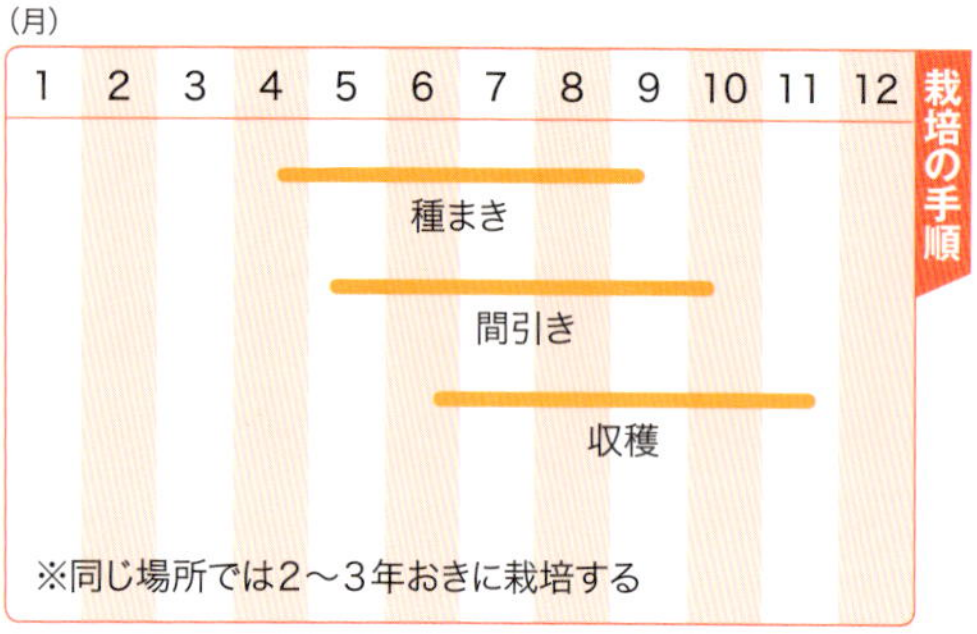

(月)
1 2 3 4 5 6 7 8 9 10 11 12
栽培の手順
種まき
間引き
収穫
※同じ場所では2～3年おきに栽培する

土づくり

- **種まき2週間前まで**
  苦土石灰100g/㎡
- **種まき1週間前まで**
  堆肥2kg/㎡、化成肥料100g/㎡

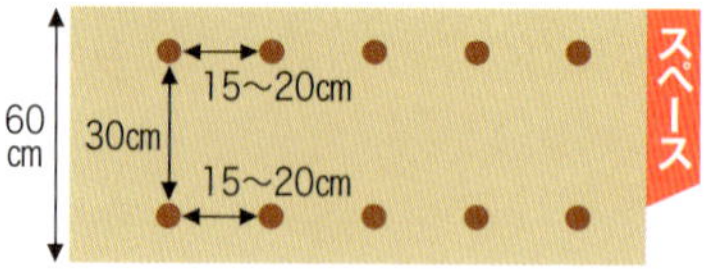

スペース
60cm
30cm
15～20cm
15～20cm

ブロッコリーとアスパラガスを足したような食感

知る▼ カイランは、地中海沿岸地帯にあったブロッコリーの原型種が、中国南部～東南アジアに伝わり、そこで栽培と改良が重ねられてできた野菜だと考えられています。

漢字で書くと「芥藍」。チャイニーズブロッコリーともいわれます。台湾や中国南部では収穫量が少ないため、高級野菜とされています。

育てる▼ 日本での生産量もそれほど多くありませんが、亜熱帯気候の野菜だけあって、耐暑性が強く、5～9月まで種まきができ、真夏でも元気に育ちます。

アオムシに狙われやすいので、防虫ネットなどをかけるとよいでしょう。

食べる▼ 主に花茎を食べます。茎はブロッコリーとアスパラガスの中間のような食感で甘みがあり、葉は少し苦みがあります。カロテンのほか、アブラナ科の野菜に多いイソチオシアネートも豊富。これは抗ガン効果のある辛み成分です。

［中国野菜］カイラン

1 種まき

空き缶などの底を土にあててまき穴をつくる。1穴に5〜6粒種をまく。**覆土**したらたっぷり水をやる。

2 間引き

双葉が出て完全に開いたら1穴3本になるように**間引き**、株元に軽く**土寄せ**。

3 間引き

本葉が2〜3枚ぐらいの頃に、1穴2本になるように**間引く**。

4 間引き

本葉4〜5枚ぐらいの頃に1穴1本にする。条間に**化成肥料**30g/㎡を**追肥**し、**土寄せ**。

5 収穫

蕾がみえ、花が1輪咲く頃が収穫適期。手で折れる柔らかい部分からハサミで切りとる。

藤田智の気ままな野菜学

キャベツの仲間には珍しい白い花

キャベツの仲間の野菜は何色の花が咲くかといわれたら、多くの人は黄色を思い浮かべるでしょう。しかし、カイランは、キャベツの仲間には珍しく白い花を咲かせます。これが意外と上品でかわいらしいんです。セレブの方が好きそうなんて思います。収穫したなかから花が咲きそうな1本を選び、花びんに活けてみてはいかがでしょう。家庭菜園で優雅な気分を味わえますよ。

カイランから生まれた茎ブロッコリー

手軽に栽培できて長く収穫を楽しめる野菜として、人気の高まっている茎ブロッコリー。じつは、カイランとブロッコリーを掛けあわせてできたもの。茎も食べられるというのは人気のようで、最近はカリフラワーにも茎を食べられる品種が登場しています。

中国野菜

チンゲンサイ

▼アブラナ科

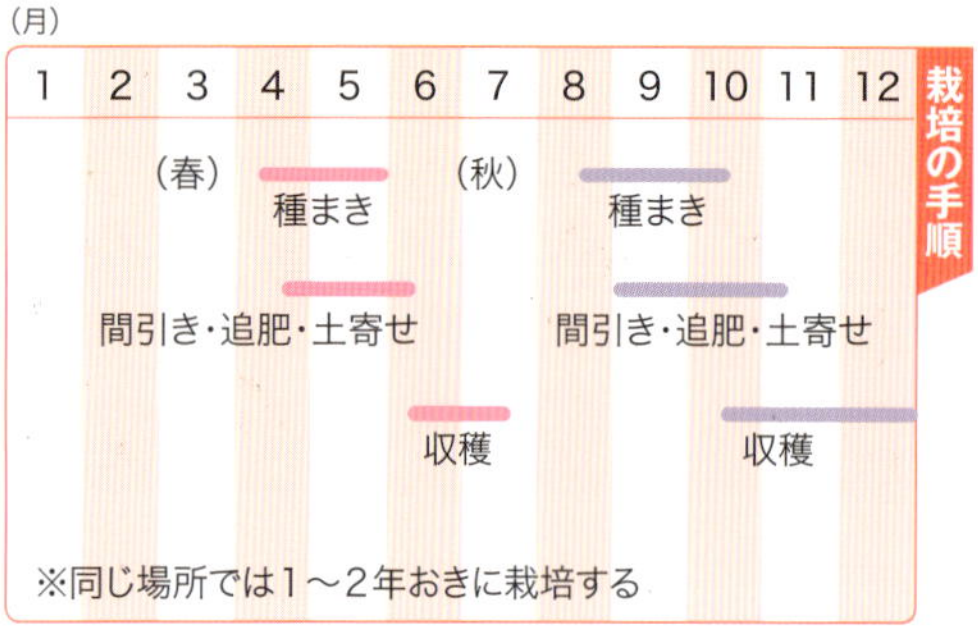

栽培の手順
(月)
1 2 3 4 5 6 7 8 9 10 11 12
(春)
種まき
(秋)
種まき
間引き・追肥・土寄せ
間引き・追肥・土寄せ
収穫
収穫
※同じ場所では1〜2年おきに栽培する

土づくり

- **種まき2週間前まで**
  苦土石灰100〜150g/㎡
- **種まき1週間前まで**
  堆肥2kg/㎡、化成肥料100g/㎡

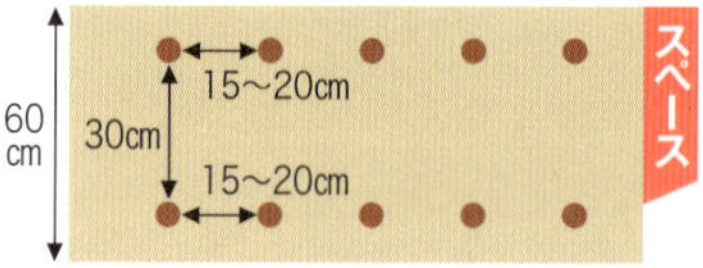

スペース
60cm
30cm
15〜20cm
15〜20cm

中国野菜の代名詞、最近はミニサイズも人気

知る▼ 今や、すっかり日本の食卓に馴染んだチンゲンサイ。原産は中国華中《かちゅう》地方で、1972年の日中国交正常化がきっかけとなり、日本国内に広まりました。当時は青茎パクチョイ、青軸パクチョイなどとも呼ばれていましたが、1983年に農林水産省によって、葉軸が緑のものをチンゲンサイと呼ぶように定められました。

育てる▼ 冷涼な気候を好みますが、比較的暑さにも強く、北海道から九州まで、広い地域で栽培が可能です。収穫適期は1株が100〜200gの大きさのとき。

大きく育ち過ぎると、葉が硬くなり独特の風味が楽しめなくなるので、早めの収穫を心掛けましょう。

食べる▼ さっと茹でるとほんのりした甘みが出て、口当たりがよくなります。料理の幅は広く、使い勝手のよい野菜です。低カロリーながらバランスよく栄養を含みます。

［中国野菜］チンゲンサイ

1 種まき

支柱などを土にあてて深さ1㎝のまき溝をつくり、1㎝間隔で種をまく。**覆土**したら、たっぷり水をやる。

2 間引き・土寄せ

双葉が開いたら**株間**3～4㎝になるように**間引き**、株元に軽く**土寄せ**。

3 間引き

本葉が4～5枚くらいの頃に、**株間**10～15㎝になるように**間引く**。

4 追肥・土寄せ

種まきから20日ぐらいの頃に、条間に**化成肥料**30g/㎡を**追肥**し、**中耕**を兼ねて株元に**土寄せ**。

5 収穫

草丈15～20㎝になったら収穫適期。地際からハサミなどで切りとる。

藤田智の気ままな野菜学

軸が白い「パクチョイ」

チンゲンサイと兄弟のような野菜に「パクチョイ」があります。チンゲンサイは漢字で書くと「青梗菜」、パクチョイは「白梗菜」。パクチョイは、チンゲンサイと形はそっくりですが、葉柄の白いのが特徴。1970年代に日本に入ってきましたが、チンゲンサイのほうが普及しました。生育旺盛で、栄養面でもビタミンCや葉酸、ビタミンB群はチンゲンサイよりも多いので、ぜひ、家庭菜園でもとり入れてみてください。

パクチョイ。

ミニサイズのチンゲンサイも人気

普通のチンゲンサイは背丈15～20㎝ですが、それよりもひと回り小さいミニチンゲンサイの品種もあります。種まきから20～30日で収穫でき、料理にも丸ごと使えるので最近、人気が高まっています。

中国野菜

北京紅芯ダイコン

▼アブラナ科

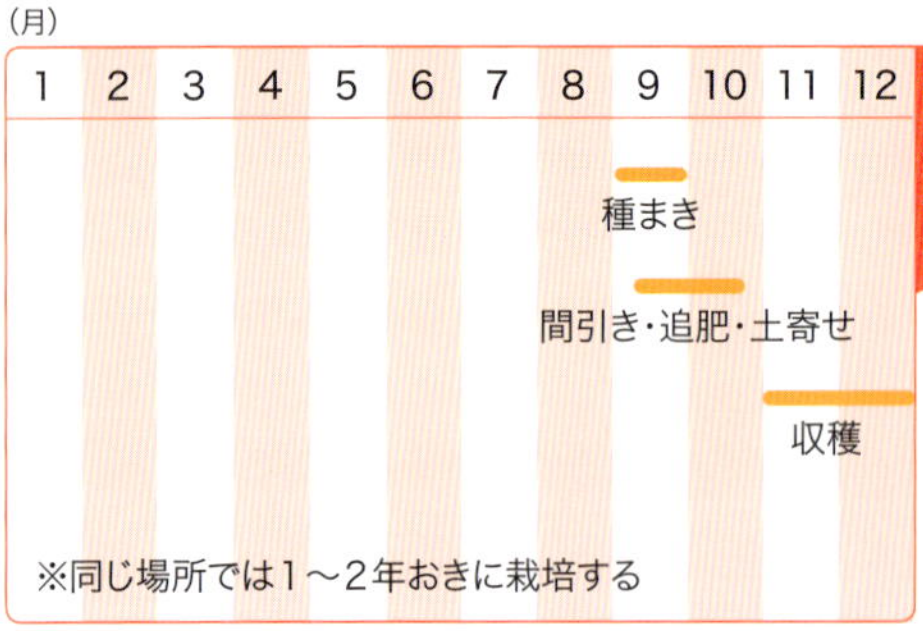

栽培の手順
(月)
1 2 3 4 5 6 7 8 9 10 11 12
種まき
間引き・追肥・土寄せ
収穫
※同じ場所では1～2年おきに栽培する

土づくり

- **種まき2週間前まで**
  苦土石灰150g/㎡
- **種まき1週間前まで**
  堆肥2kg/㎡、化成肥料100g/㎡

スペース

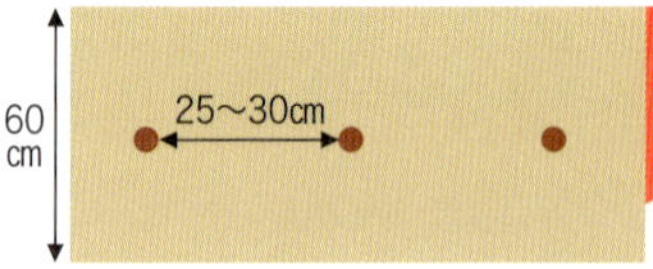

60㎝
25～30㎝

トリプルカラーが楽しめる球形ダイコン

知る▼ その名のとおり、北京一帯でつくられる球形ダイコンです。地上に出ている部分は緑色に、地中部分は白、割るとなかは紅色というように、ひとつの野菜で3つの色が楽しめます。

中国では、中身の紅色から「心のなかが美しい」という意味で「心里美《しんりめい》」とも呼ばれます。

鮮やかな色から、お祝いごとに使われることも多いようです。

育てる▼ 一般のダイコンと同じで、一番のポイントは土づくり。**堆肥**、**化成肥料**を適量入れて、30㎝の深さまでよく耕します。アブラナ科の宿命ですが、アオムシがつきやすいので、みつけたら早めに防虫ネットをかけて防除しましょう。

食べる▼ 肉質は柔らかで甘みがあり、紅色には、抗酸化作用があります。パリッとした食感で、生で食べるのがおすすめ。サラダの彩りにもなります。酢につけると発色がさらに鮮やかになります。

1 種まき

空き缶などの底を土にあてて、深さ1㎝のまき穴をつくる。1穴に4～5粒、種をまく。**覆土**したら上に**もみがら**を1穴にひとつかみずつ乗せ、たっぷり水をやる。

2 間引き・土寄せ

本葉が1～2枚の頃に、1穴に3本になるよう**間引き**、株元に軽く**土寄せ**。

3 間引き・追肥・土寄せ

本葉が3～4枚ぐらいの頃に、1穴2本になるように**間引く**。**化成肥料**30g/㎡を**追肥**し、**土寄せ**。

4 間引き・追肥・土寄せ

本葉6～7枚ぐらいの頃に、1穴1本になるよう**間引く**。株元に**化成肥料**30g/㎡を**追肥**し、**土寄せ**。

5 収穫

直径10～13㎝になったら収穫適期。

藤田智の気ままな野菜学

美しい色素が織りなす芸術

紅芯ダイコンの鮮やかな紅色はアントシアニンという色素がうみだします。ほかにも、ハクサイやタマネギの白はフラボノイド、ホウレンソウやブロッコリーの緑はクロロフィル、カボチャやニンジンの黄色や橙はカロテノイドと、野菜はさまざまな色素によって独自の色をつくり出します。このような色とりどりの野菜はカービング（飾り細工）の材料にも使用されます。素材は、外皮が硬いスイカやメロン、パイナップルなどのほか、キュウリ、カブ、ダイコンなど。特徴は立体的に掘っていくこと。芸術の域に達している作品も少なくありません。

中国野菜

江都青長ダイコン

▼アブラナ科

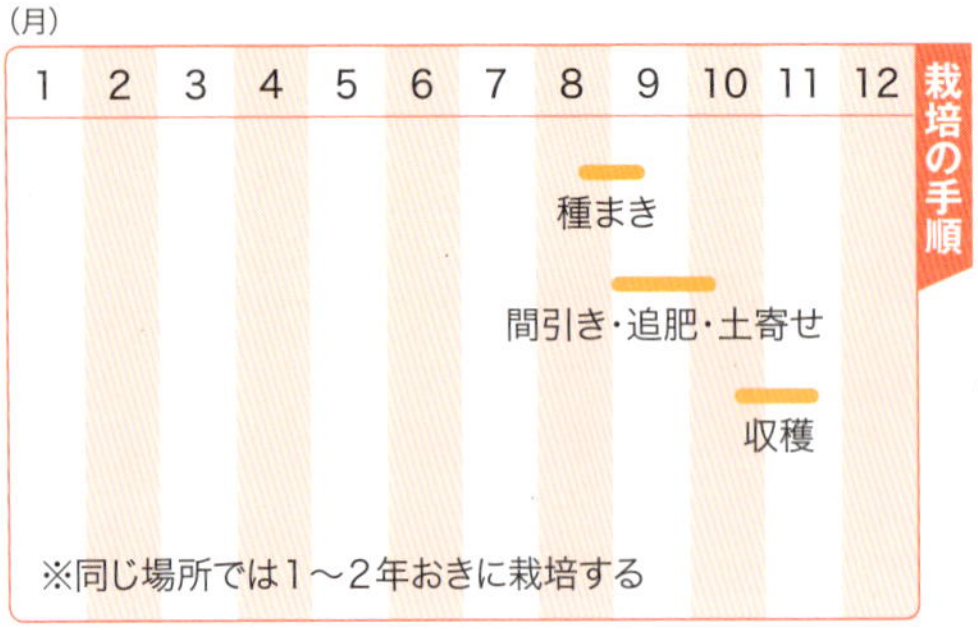

栽培の手順
(月)
1 2 3 4 5 6 7 8 9 10 11 12
種まき
間引き・追肥・土寄せ
収穫
※同じ場所では1〜2年おきに栽培する

土づくり

- 種まき2週間前まで
  苦土石灰100g/㎡
- 種まき1週間前まで
  堆肥2kg/㎡、化成肥料100g/㎡

スペース

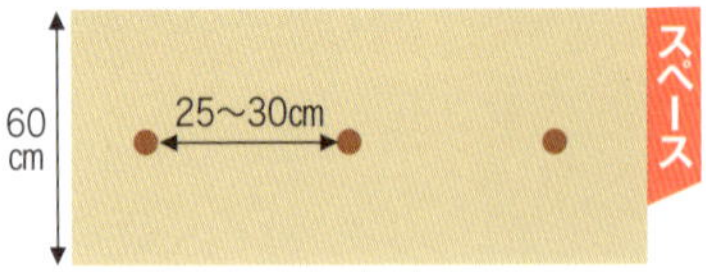

60㎝
25〜30㎝

鮮やかな緑で、漬けものに最適の秋まき早生種

知る▼ 現在は中国江《こう》蘇《そ》省《しょう》を中心に栽培されていますが、原産地は、地中海沿岸、華南高地、中央アジアなど諸説あります。

特徴は、収穫時に根が3分の2〜2分の1まで地上に出ること。表面だけではなく、なかまで緑色をしているため、すりおろせば緑色の大根おろしができます。

育てる▼ 栽培のポイントは、土をよく耕すこと。排水がよいほうがよく育つので、水はけの悪い畑の場合は**高畝**にするとよいでしょう。

また、収穫適期は根元の太さが6〜7㎝になった頃。収穫が遅れるとスが入りやすくなるので、適期を逃さないようにしましょう。

食べる▼ 肉質は緻密で、でんぷんの含有量が高く水分は少なめです。寒さにあたると甘みが増すタイプで、甘くなったものは生食しても美味です。また、皮の部分には辛みもあります。貯蔵性も高く、漬けものにも向きます。

1 種まき

空き缶などの底を土にあてて、深さ1㎝のまき穴をつくる。1穴に4〜5粒、種をまく。**覆土**したら上に**もみがら**を1穴にひとつかみずつ乗せ、たっぷり水をやる。

2 間引き・土寄せ

本葉が1〜2枚の頃に、1穴に3本になるよう**間引き**、株元に軽く**土寄せ**。

3 間引き・追肥・土寄せ

本葉が3〜4枚ぐらいの頃に、1穴2本になるように**間引く**。**化成肥料**30g/㎡を**追肥**し、**土寄せ**。

4 間引き・追肥・土寄せ

本葉6〜7枚ぐらいの頃に、1穴1本になるよう**間引く**。株元に**化成肥料**30g/㎡を**追肥**し、**土寄せ**。

5 収穫

地上に10〜15㎝伸びてきて、直径が6〜7㎝ほどになったら収穫適期。

藤田智の気ままな野菜学

爽やかな色を生かして生食で

江都青長ダイコンは、種苗会社によっては「ビタミンダイコン」とも呼ばれます。加熱するよりも生食で使用したほうが、その鮮やかな色やビタミンを損ないません。野菜スティックやたくわんなどがおすすめです。

ほかにもある！個性豊かな中国野菜

中国野菜は、私たちの生活にもすっかり定着してきました。「エンサイ」は別名「空芯菜（クウシンサイ）」とも呼ばれ、茎のなかが空洞になっています。また、「パクチー」とも呼ばれる「シャンツァイ（香菜）」も立派な中国野菜です。

エンサイ。

おもしろ野菜

アレキサンドラ

▼ナス科

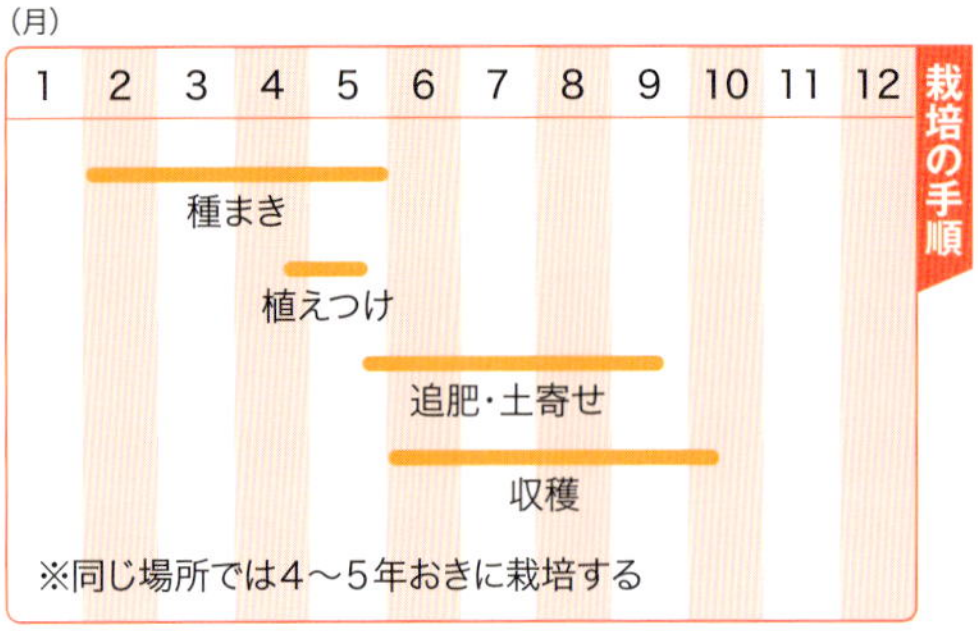
栽培の手順
(月)
1 2 3 4 5 6 7 8 9 10 11 12
種まき
植えつけ
追肥・土寄せ
収穫
※同じ場所では4～5年おきに栽培する

土づくり

- **植えつけ2週間前まで**
  苦土石灰100～150g/㎡
- **植えつけ1週間前まで**
  堆肥3～4kg/㎡、化成肥料100g/㎡、ヨウリン60g/㎡

スペース

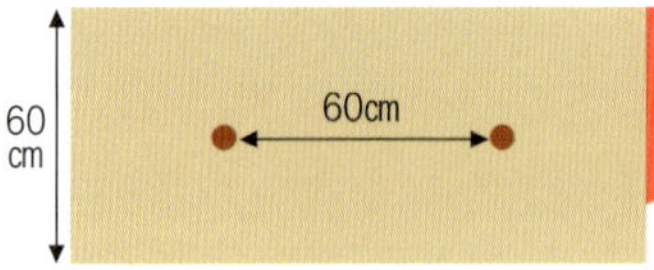
60cm
60cm

フランス野菜ならではの紫×白の縞模様

知る▼ 南フランス原産のナスです。形は普通の卵形のナスと変わりませんが、なんといっても特徴的なのは紫と白の縞模様。ヘタの緑とのコントラストもかわいらしく、畑になっていたら、目を引くのは必至です。

育てる▼ もともとナスはインドが原産地。アレキサンドラの生育適温も25～30度とやや高温を好みます。**草丈**は約35cmと低く、実の大きさは長さ15～20cmほど。

苗から育てるのが一般的ですが、入手が難しい場合もあります。種から育てることもできるので、挑戦してみるのもおもしろいでしょう。

食べる▼ 肉質はクリーミー。油と相性がよく、パスタや揚げものは抜群です。米ナスのように、少し厚めに切ってナスステーキにすれば、素材そのものの味を楽しむことができます。グラタンにしても美味。個性的なみた目が、食卓をにぎやかにしてくれます。

栽培方法

栽培方法は、一般のナスに準じます。しかし、まだ珍しい野菜でもあるため、苗はなかなか入手しにくい場合があります。そこで、ここでは種から育てる方法を紹介しましょう。

基本的に、種はインターネットなどで入手できます。

❶まきどきは2～5月。**ポリポット**を用意して**培養土**を入れます。通常は、1ポットに2～3粒まき、適宜、**間引き**しながら育てますが、種の数が少ないときは1ポットにひと粒まいて育てる方法もあります。

❷ナスは発芽適温が25～30度と、かなり高めなので、室内で育苗するのがおすすめです。できるだけ日光があたる場所に置き、乾燥させないよう、水を毎日、与えます。霧吹きなどを使うと便利です。

うまくいけば1～2週間ほどで発芽します。

畑への**定植**は、十分気温が上がってからのほうがよいでしょう。

藤田智の気ままな野菜学

ヨーロッパには縞ナスが多い？

日本では「茄子紺」という言葉があるように、ナスといえば紫色というのが一般的です。しかし、ヨーロッパでは縞模様のナスの品種が多くみられます。たとえば、イタリアには、「ゼブラナス」と呼ばれるものがあります。アレキサンドラと同じように、紫と白の縞模様が入っていますが、アレキサンドラに比べると、果肉はやや硬く、加熱して食べることが多いようです。加熱することによって、独特の食感が増すといわれます。

海外に旅行に行ったときは、地元の市場を訪れ、日本ではみかけない珍しい野菜を探してみるのもおもしろいかもしれませんね。

南フランスの市場の様子。アレキサンドラのほかにもカラフルな野菜が並ぶ。

おもしろ野菜

レモンキュウリ

▼ウリ科

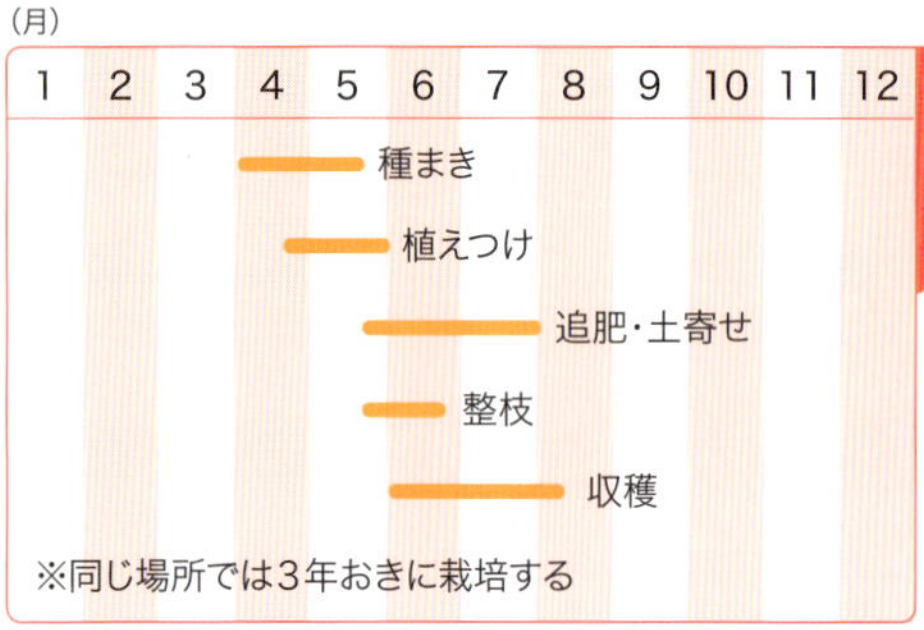

(月)
1 2 3 4 5 6 7 8 9 10 11 12
栽培の手順
種まき
植えつけ
追肥・土寄せ
整枝
収穫
※同じ場所では3年おきに栽培する

土づくり

- **植えつけ2週間前まで**
  苦土石灰100～150g/㎡
- **植えつけ1週間前まで**
  堆肥2kg/㎡、化成肥料100g/㎡、ヨウリン500g/㎡

スペース

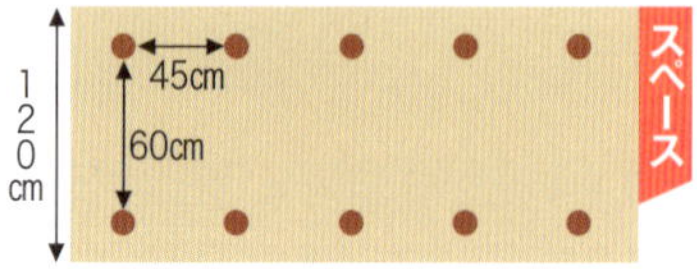

45cm
60cm
120cm

まるでレモン！鮮やかな黄色が目を引く

知る▼ 思わず「え、これがキュウリ？」といってしまいそうな、個性的なキュウリ。特徴は、キュウリでありながらレモンのように丸く、黄色い姿でしょう。成長するにつれて色づいていきます。大きさはレモンよりひと回り大きい程度です。

育てる▼ 栽培法は、一般のキュウリと同じです。キュウリは苗から育てることが多いですが、レモンキュウリはまだ、苗が広く出回っているわけではありません。そこでおすすめしたいのが種からの育苗。種はインターネットなどで購入できます。

食べる▼ 味は、レモンのように酸っぱいわけではなく、キュウリよりも、むしろ甘く香りもよいといわれます。ピクルスにするとおいしく食べられます。また、サラダや詰めものに使用する方法もあります。栄養素としては、一般的なキュウリと同じ。利尿作用のあるカリウムを含みますが、そのほとんどが水分です。

栽培方法

一般のキュウリに準じます。キュウリはインド北西のヒマラヤ山麓地帯が原産地のため、生育適温は18～25度と冷涼な気温を好みます。しかし、耐寒性はなく、10～12度以下では生育しません。

普通のキュウリなら、ホームセンターや園芸店に行けば、苗がたくさん売られていますが、レモンキュウリはまだ苗はそれほど出回っていないので、種から育ててみましょう。

❶種まきの適期は4～5月。**ポリポット**に**培養土**を入れて、そこに穴をあけてまきます。発芽適温は20～30度。低温に注意し、日中はできるだけあたたかい日の当たるところに置いて育苗します。

レモンキュウリの種。

❷乾燥しないように、霧吹きなどで毎日、水を与えます。発芽までかかる時間はだいたい3～7日。**本葉**が3～4枚出るぐらいまでは室内のあたたかいところで管理しましょう。

❸**本葉**が3～4枚になったら**植えつけ**適期。果実が黄色くなった頃が、収穫適期です。

ポイント

栽培は特に難しくはありませんが、うどんこ病、べと病には気をつけましょう。

藤田智の気ままな野菜学

「あれ？ 熟してしまったかな？」

キュウリは、漢字で「黄瓜」とも書きます。熟してくると黄色くなるためです。レモンキュウリがなっているのをみると、「あれ、もう熟してしまったのかな？」と思うような黄色をしています。しかし、食べてみると、ちゃんと若いキュウリの味がします。

白いキュウリもある!?

キュウリには、上が緑で、下にいくにしたがって白くなる「半白キュウリ」という品種がいくつかあります。また、グラデーションではなく、上から下まで真っ白な品種もあります。きちんとイボイボもあってキュウリの形をしています。味も青臭さはなく、おいしいのが特徴です。

相模半白胡瓜。

ホワイティ25。

おもしろ野菜

UFOズッキーニ

▼ウリ科

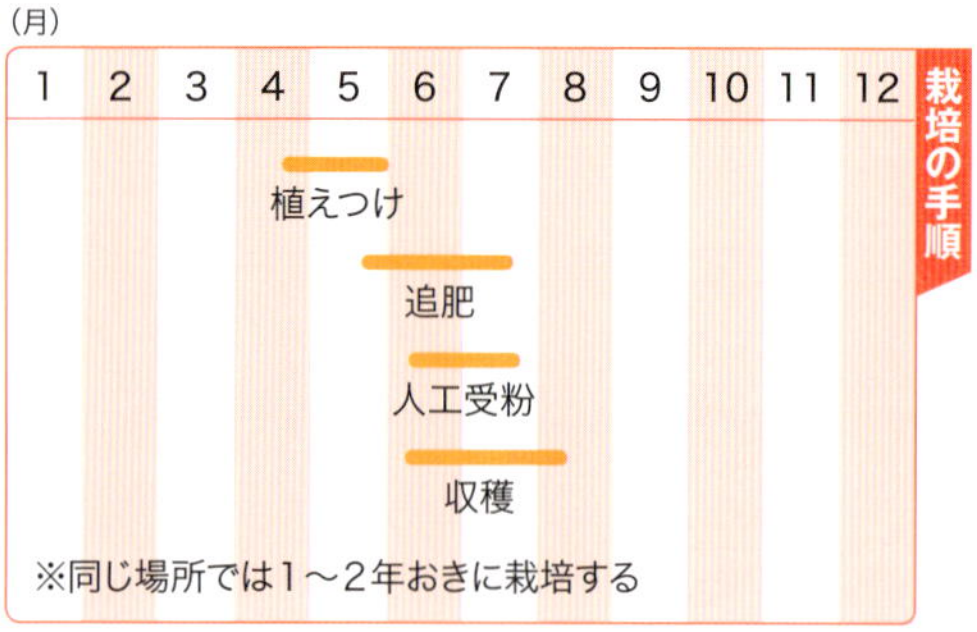

(月)
1 2 3 4 5 6 7 8 9 10 11 12
栽培の手順
植えつけ
追肥
人工受粉
収穫
※同じ場所では1～2年おきに栽培する

土づくり

- **種まき2週間前まで**
  苦土石灰100～150g/㎡
- **種まき1週間前まで**
  堆肥2kg/㎡、化成肥料100g/㎡、ヨウリン50g/㎡

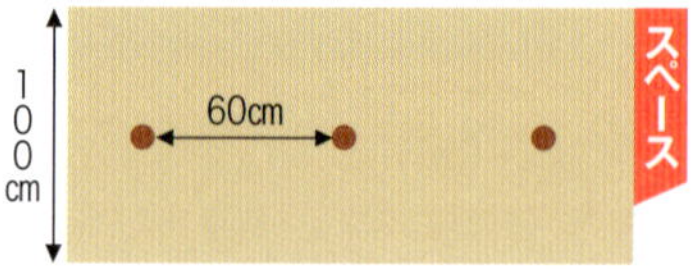

スペース
100cm
60cm

風変わりな形と色がかわいらしい

知る▼ 原産地は北米で、ズッキーニはイタリア語で「小さいカボチャ」という意味。カボチャの仲間、ペポカボチャを改良したものです。カボチャと違ってつるが伸びず、別名「つるなしカボチャ」ともいわれます。

形もユニークで、キュウリのように長細いもの、丸型のものなどがありますが、なかでもＵＦＯズッキーニの風変わりな形と色は目を引きます。

育てる▼ 生育適温は18～25度。そのため、マルチを張り、地温を上げるとよく育ちます。虫がいない低温期は、**人工受粉**させると着果率が上がります。1～2年おきに栽培します。

食べる▼ 普通のズッキーニと同じように、若い果実を収穫して食べます。味はクセがなく、歯ごたえがあり、ナスに近い食感です。体内の余分な水分を排出する働きのあるカリウムが多い一方、でんぷんは少ないのが特徴。

栽培方法

一般的なズッキーニの栽培法に準じます。種のとり扱いがある種苗店もいくつかあるので、インターネットで購入するとよいでしょう。

❶種まきの適期は4～5月。発芽適温が20～30度とやや高めのため、マルチをして地温を上げ、生育を促します。**ポリポット**に種をまき、**本葉**4～5枚ぐらいまで育ってから、畑に**植えつける**方法もあります。**植えつけ**によい大きさになるまでに1カ月ぐらいかかります。

❷花が咲いたら**人工受粉**をします。特に低温期は虫もあまりいないので、**受粉**作業をしたほうが確実に着果させることができます。

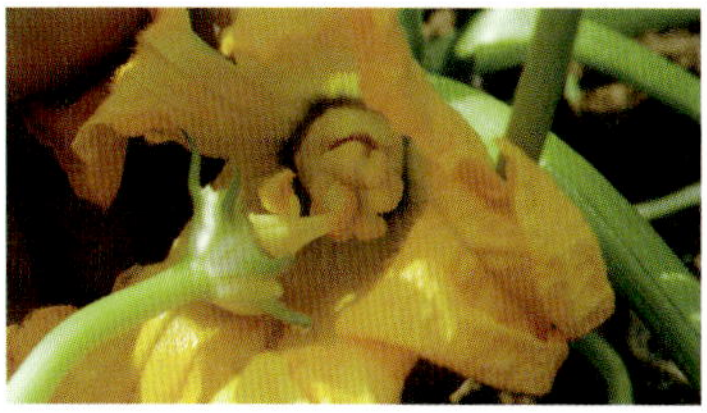

❸受粉後、4～10日が収穫の適期になります。UFOズッキーニは、種ができはじめると味が落ちるので、できれば早めの収穫を心掛けたほうがよいでしょう。収穫適期の目安は直径7～8cmぐらい。とり遅れて大きく育ち過ぎてしまったものは、形がかわいらしいので、飾りものとして利用する方法もあります。

さまざまな色がある UFOズッキーニ。

藤田智の気ままな野菜学

UFOズッキーニはスライスして

UFOズッキーニは、形がユニークですが、いざ、食べようとして、「はて、どう食べればいいのだろう」と思う人もいるかもしれませんね。基本的には、普通のズッキーニと同じように食べられます。薄くスライスしてサラダに入れたり炒めたり、揚げものにしたりしてもよいでしょう。やや成長しすぎて種が気になるようであれば、くりぬいて詰めもの料理に利用することもできます。

花も食べられるズッキーニ

ズッキーニの**雌花**を**幼果**ごと収穫したものが「花ズッキーニ」。雌しべや雄しべをとり除き、なかにリゾットやチーズなどを詰めて揚げて食べるのが定番。**幼果**をとってしまうのは、もったいないような気もしますが、ほんのり甘くておいしいのでおすすめです。

おもしろ野菜

グラスジェムコーン

▼イネ科

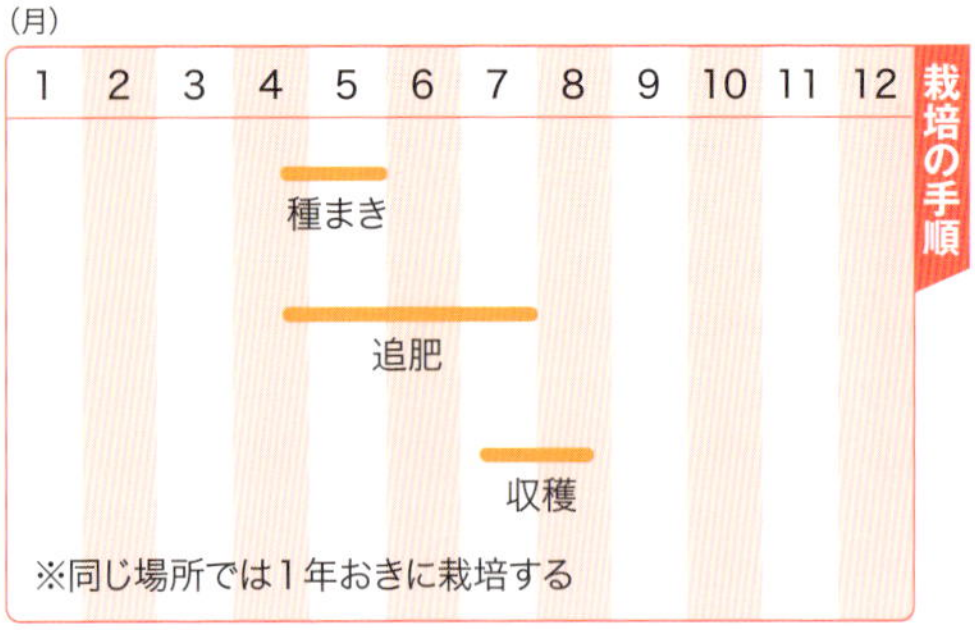

(月)
1 2 3 4 5 6 7 8 9 10 11 12
栽培の手順
種まき
追肥
収穫
※同じ場所では1年おきに栽培する

土づくり

- **種まき2週間前まで**
  苦土石灰100〜150g/㎡
- **種まき1週間前まで**
  堆肥2kg/㎡、化成肥料100g/㎡

スペース

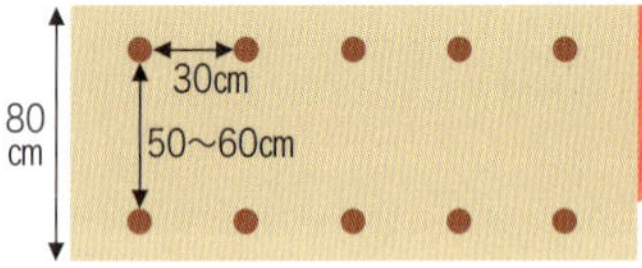

80cm
30cm
50〜60cm

宝石のような虹色のトウモロコシ

知る▼ 「七色のトウモロコシ」「世界一美しいトウモロコシ」として知られるようになった、グラスジェムコーン。つくったのはネイティブ・アメリカンの農家、カール・バーンズ氏。遺伝子組み換えなどではなく、長い年月をかけていくつものトウモロコシを掛けあわせ、さまざまな色が出るように品種改良したということです。

育てる▼ 種まきの前日に、ひと晩、水につけておくと発芽しやすくなります。発芽率は7割ほど。

気になる粒の色ですが、株によって発色が異なり、どんな色合いになるかは育ててみないとわかりませんが、それも楽しみのひとつになります。

食べる▼ 茹でると色が鮮やかになります。もともとはポップコーンに向く品種。また、乾燥させてクラフトの装飾用素材として使用すると、その色みや風合いを存分に活かせます。

栽培方法

一般的なトウモロコシの栽培法に準じます。種は、インターネットを通じて販売しているところがあるので、そこからとり寄せるのがよいでしょう。数粒単位から販売しているところもあるようです。

❶トウモロコシの生育温度は25～30度と高温を好みます。種まきは、十分に気温が上がってから畑に直まきしてもよいですが、**ポリポット**にまいて育苗し、気温が十分に上がってから、生育のよいものを畑に**植えつける**方法もあります。手近なところで育苗すれば、鳥害も防ぎやすいという利点もあります。

❷**植えつける**ときは、**受粉**を確実にさせるため、必ず2条以上で植えます。

グラスジェムコーンの種。

ポイント

トウモロコシは、ほかの品種を近くに植えると、花粉が**交雑**し、その品種特有の性質が出なくなることがあります。せっかくの色が**交雑**することによって出なくなってしまったら悲しいので、注意しましょう。

藤田智の気ままな野菜学

「オンリーワン」の彩りを楽しむ

ピンク系かパープル系か、はたまた赤や青、白が混じったものか……。グラスジェムコーンは、決まった色が必ず出るとは限りません。どんなものができるのか、わくわくしながら自分だけのオンリーワンを育てるのも、ひとつの楽しみ方だといえそうです。

よく乾燥させて、そのままナチュラルなインテリアとして部屋に飾ったり、リースのオーナメントやフラワーアレンジメントの珍しい花材として使ったりするのもおすすめ。きっとみる人の目をひくことでしょう。

おもしろ野菜

グラパラリーフ

▼ベンケイソウ科

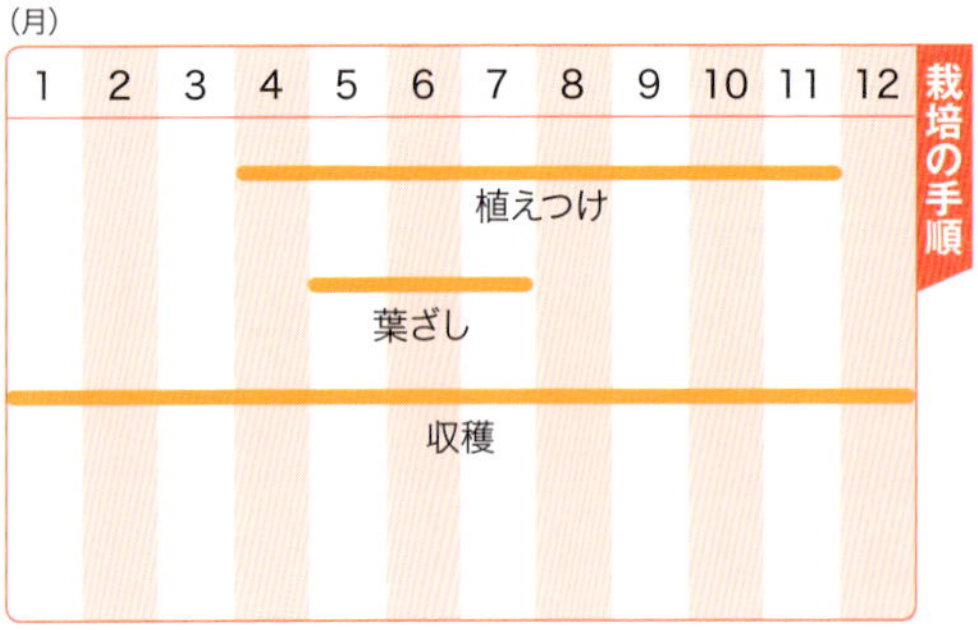
(月)
1 2 3 4 5 6 7 8 9 10 11 12
栽培の手順
植えつけ
葉ざし
収穫

土づくり

- 基本的にはプランターで育てる。
- 土は培養土か、サボテンや多肉植物用の土を使用する。

約15cm

1株の栽培に必要なのは5号鉢（直径約15cm）。

みた目はまるで多肉植物 爽やかな味の健康野菜

知る▼ メキシコ原産の多肉植物を食用に改良したものだとされています。特徴は非常に繁殖力が強いこと。摘みとった葉を放置しておくと、葉のつけ根部分から新芽が出てきます。これをそのまま土の上に置けばいつのまにか根づいて繁殖しはじめます。

育てる▼ 栽培は非常に簡単です。水はけのよい土か多肉植物用の土を用意して植えます。日当たりがよく、風通しのよい場所に置きましょう。また、できるだけ乾燥気味に管理するのもポイント。**株分け**か葉ざしで簡単に増やせます。

食べる▼ 青りんごのような味といわれますが、ものによっては酸っぱいものも。サクサクとして歯ざわりがよく、サラダやヨーグルトに混ぜて素材そのままの味や食感を楽しむのがおすすめ。栄養価は非常に高く、カルシウム、マグネシウムの含有量は健康野菜のケールに並ぶともいわれます。

栽培方法

多肉植物の育て方に準じます。インターネットなどで株を入手したら、鉢に土をいれて、真んなかに植え穴をあけ、そこに苗を植えつけます。

❶株の**植えつけ**適期は4～11月。葉を土の上に置き、新芽が出てきたら、それを土にさします。

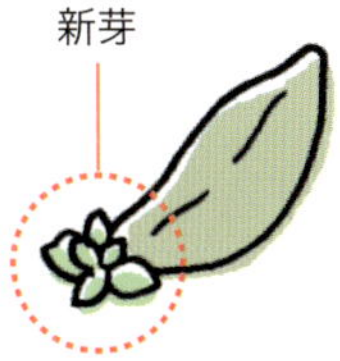

❷注意したいのは水やり。基本的に水は控えめにします。1～2週間に1回程度、土がからからに乾いてからで構いません。

❸**植えつけ**てから2～3カ月たって生育適期であれば、収穫できます。下の葉っぱから収穫します。ただし、全部とってしまうと弱ってしまうので、10～12枚程度は残すようにします。耐寒性はあまり高くないので、12～3月ぐらいは室内にとり込んだほうがよいでしょう。

ポイント

増やし方は、**株分け**か葉ざしで行います。葉ざしの適期は5～7月。葉をとり、土の上に置きます。このとき、つけ根を濡らさないことが大切。乾燥させておいたほうが新芽が出やすいです。

3～4週間たつと発根し、新芽がみえるようになります。根を軽く土にさすようにして、根づくのを待ちます。水やりは様子をみながら、行ってください。

藤田智の気ままな野菜学

花も意外と美しい野菜たち

実や葉、根を食べることが多い野菜。花をみる前に収穫してしまう野菜も多いですが、意外ときれいな花を咲かせる野菜は多いんです。

ゴボウの花をみたことがあるでしょうか。ゴボウはキク科ですから、キクのような花が咲くと思った人、ブブー、はずれです。ゴボウはアザミのような花を咲かせます。色は紫でなかなか美しい。最近おしゃれなレストランでみかけるようになったアーティチョークもキク科で、やはりアザミのような花を咲かせます。

チコリという野菜もキク科ですが、これは少し趣が違います。初夏から夏にかけて涼しげな青紫色のコスモスのような花を咲かせます。この花は食用にもできます。チコリは、一度植えておくと、翌年、こぼれ種からも発芽します。

アーティチョークの花。

チコリの花。

おもしろ野菜

ゴルゴ

▼アカザ科

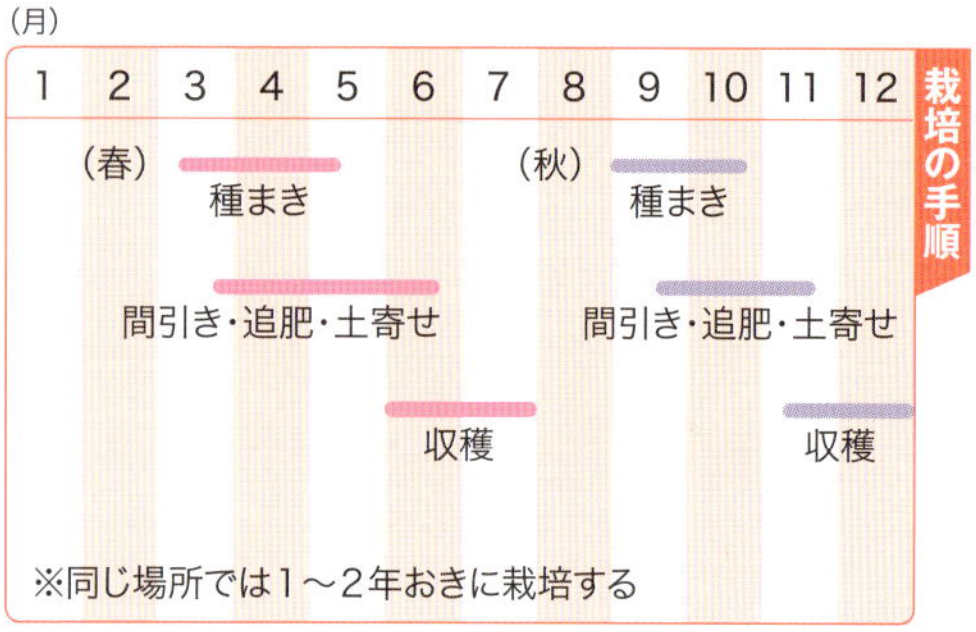

栽培の手順
(月)
1 2 3 4 5 6 7 8 9 10 11 12
(春) 種まき
(秋) 種まき
間引き・追肥・土寄せ
間引き・追肥・土寄せ
収穫
収穫
※同じ場所では1～2年おきに栽培する

土づくり

● 種まき2週間前まで
苦土石灰150～200g/㎡
● 種まき1週間前まで
堆肥2kg/㎡、化成肥料100g/㎡

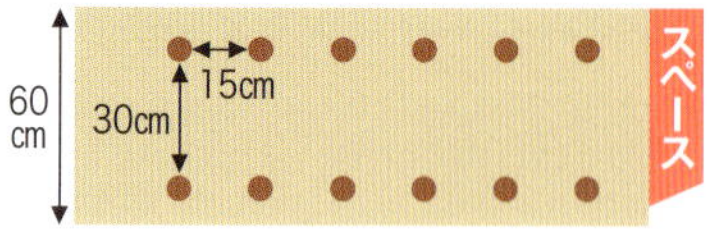

スペース
60cm
15cm
30cm

名前はいかついけれどペロペロキャンディ?

知る▼ ロシア料理ボルシチに欠かせない野菜として有名なテーブルビート。地中海沿岸地方原産のアカザ科の根菜です。そのなかでも、ゴルゴはイタリア・キオッジャ地方で栽培されてきたもの。赤と白の2色の年輪模様が特徴で、定番の全体が赤い渦巻き模様のテーブルビートとは、ひと味違います。

育てる▼ 生育適温は15～21度と、冷涼な気候を好みます。耐寒性はありますが、暑さには弱い性質です。また、強酸性の土壌では発育不良になるので、pHが6・2～6・5になるよう石灰で調整します。

食べる▼ 別名「砂糖ダイコン」とも呼ばれるほど、糖質の含有量が多く、独特の甘みがあります。甘みの栄養素ベタインには、脂肪を燃焼させる効果があるといわれます。

根の部分は、茹でてサラダやピクルスにするのもおすすめ。葉も、茹でれば食べられます。

栽培方法

種はインターネットなどで購入するのがよいでしょう。耐寒性があり、生育適温が15～21度と冷涼な気候を好むので、種まきは春と秋の2回できます。

❶硬い殻のなかに、2～3粒の種が入っているので、2cm間隔ですじまきします。種まきの適期は、春は3月下旬～5月上旬、秋は9～10月上旬。

❷適宜、**間引き**、**追肥**、**土寄せ**を繰り返して、大きく育てていきます。**株間**が狭いと根の肥大が妨げられるので、十分に空けます。普通のテーブルビートは10～12cmほどですが、ゴルゴは15cmぐらいとってもよいでしょう。

❸収穫の適期は直径6～7cmになった頃。葉をまとめてもち、引き抜きます。

ポイント

酸性土壌を嫌うので、石灰は、ほかの野菜よりも多めに入れます。根菜類なので、土はよく耕しましょう。10度以下の低温に一定期間あたると、茎が伸び、蕾がつくので、あまり早すぎる時期の種まきはおすすめしません。

藤田智の気ままな野菜学

アカザ科のもうひとつのおもしろ野菜「スイスチャード」

テーブルビートはアカザ科。ホウレンソウと同じ科です。

ところで、このアカザ科には、もうひとつ、おもしろい野菜があります。それが「スイスチャード」。和名を「フダンソウ」といいます。夏の暑さに強く、ほぼ1年を通して栽培できることからついた名前で、漢字では「不断草」と書きます。特徴は、目を奪われるほどカラフルな軸。何色が出現するかは栽培してのお楽しみ。

収穫は、通常、ホウレンソウぐらいの背の高さにして地際から切りとります。**草丈**10～15cmの頃に、ベビーリーフとして、育った外側の葉から摘みとって食べてもよいでしょう。

食べられる花“エディブルフラワー”で菜園も食卓も華やかに!

最近、スイーツの装飾やおしゃれなレストランのサラダの彩りなどに使われることが増えてきたエディブルフラワー。英語で書くとedible flower、つまり「食べられる花」のことをいいます。

じつは、花を食べる文化は昔から世界中にありました。たとえば、中国ではキンモクセイを砂糖漬けにしたりお茶にしたりする習慣がありますし、ブルガリアではバラの花をジャムにして食べる習慣があります。

もちろん、日本にもこの習慣はあります。桜餅や菜の花のおひたしなど、「今年もそんな時期になったんだな」と微笑ましい気持ちになりながらついつい食べ過ぎてしまいます。

花は、植物が子孫を残そうとして、栄養をたっぷりと送りこんでできるもの。なかには野菜以上の栄養素を含むものもあるほどです。

エディブルフラワーを販売する店は増えてきていますが、家で育てることもできます。ただし、注意点がふたつあります。

①種と土は専用のものを購入し、無農薬あるいは低農薬で栽培します。なお、市販されている観賞用の花苗は農薬を使用して栽培されているものが多いので、エディブルフラワーには向きません。

②毒性がある花は避けること。具体的には、キキョウ、スイセン、ヒガンバナ、クリスマスローズ、アジサイ、クレマチスなどです。

近年は、このように従来から食用とされてきたものに加え、パンジーやビオラ、プリムラなど、彩りが鮮やかでかわいらしい形のものが増えてきています。

ゴーヤーなどのウリ科の野菜の花も食べることができる。

Chapter 5

野菜づくりの基礎知識をおさらい

野菜づくりで欠かせない手順や道具のなかで、本書でもたびたびふれられている「野菜づくりの基礎知識」について説明します。ベテランの方は復習のつもりで、初心者の方はこれを機会に覚えましょう。

基礎知識
1
土質チェック・栽培計画

土づくりの第一歩は、いい土かどうかを調べること

野菜づくりをはじめる前に、まずは、栽培地の土の状態を調べます。

❶土質　粘土質か砂質かを確認します。

❷土層の深さ　柔らかい土の層が30㎝あればOK。

❸土壌酸度　一般的にはpH6・0～pH6・5の弱酸性が適切とされます。

❹水はけ　水はけの程度を確認します。

いい土はどんな土？

いい土とは、水はけがよく保水力もあり、空気を適度に含んだふかふかの状態。肥料分を蓄える力も必要です。理想的なのは「団粒《だんりゅう》構造」の土。団粒構造とは、小さい土粒が集まった団粒でできた土のことです。野菜が根を伸ばしやすく、成長がよくなります。

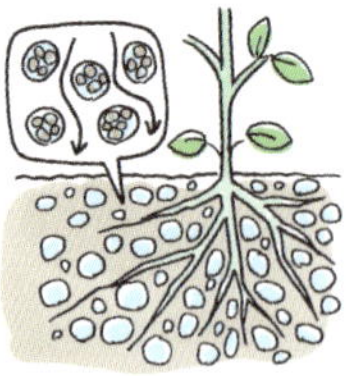

土質チェック

適度に湿り気がある土を手にとってぎゅっと握る。

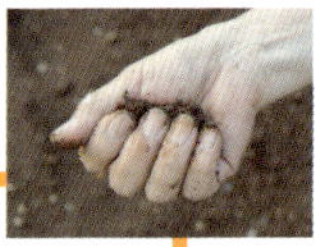

NG
塊を押しても崩れなければ、粘質で水はけの悪い土。

NG
手を開いて土がさらさらと崩れる場合は、水はけがよすぎる。

OK
手を開いて土の塊を指で押してみて、崩れれば団粒構造の土といえる。

土層チェック

スコップで土を掘り、柔らかい土の層（耕土、作土層）が30㎝あれば、栽培に適した土層。20㎝以下しかないようであれば、その下の硬い土層を掘り起こして作土層をつくる。

水はけチェック

雨上がりの様子をチェック。2～3日しても水がたまっていれば水はけが悪いということなので、高畝にするなどの対策をとります。

酸度チェック

土壌酸度計を使って測定する

土にさすだけで酸度がわかる。土が乾燥している場合は、ジョウロで水をまき、20～30分おいてから測るとよい。

畑の場所によって酸度が異なるので、少なくとも3カ所は測る。

市販の酸度測定キットを使用する

①容器に土を入れ、蒸留水を加えてかき混ぜる。
②上澄み液を試験管に入れ、よく振る。
③付属のカラーチャートで値を測定する。

酸性に傾いているときは石灰資材を散布して、酸度を調整する。

第1章で紹介する各野菜の適正酸度

野菜によって適正な酸度は異なる。

- **pH5.5～6.0**　ジャガイモ、サツマイモ
- **pH6.0～6.5**
  トマト、ナス、ピーマン、キュウリ
  トウモロコシ、ゴーヤー、インゲン、コマツナ
  レタス、シュンギク、ミズナ、ブロッコリー
  ニンジン、ダイコン、カブ、サトイモ
- **pH6.5～7.0**　エダマメ、ホウレンソウ

いかにしっかりと準備するかが野菜の出来を左右します！

野菜づくり、成功の秘けつは「輪作」

野菜づくりは、好きなように栽培して楽しむのが基本ですが、成功させるには守るとよい鉄則があります。それは「連作障害を避けて輪作をすること」。同じ場所で同じ科の野菜を続けてつくる連作は、特有の害虫や土壌病が集まり、うまく野菜が育たなくなります。

以下は1年を通じた栽培計画の例です。2年目以降は、1年ごとに区画をずらせば輪作ができます。

栽培地の面積、日当たり、野菜の大きさや高さにも配慮しましょう。

第1章で紹介する各野菜の連作を避けるべき年数

●連作障害の少ないもの
トウモロコシ、ニンジン、サツマイモ

●1年以上の間隔をあけて栽培
コマツナ、ホウレンソウ、レタス、シュンギク、ミズナ、ダイコン

●2年以上の間隔をあけて栽培
キュウリ、ゴーヤー、インゲン、ジャガイモ、エダマメ、ブロッコリー、カブ

●3～4年以上の間隔をあけて栽培
ピーマン、ナス、トマト、サトイモ

栽培計画のモデルプラン

※図内に記した期間は栽培時期を示します。また、････ は種のすじまきを示し、ほかの印は植えつけの苗数に対応しています。

春夏モデルプラン

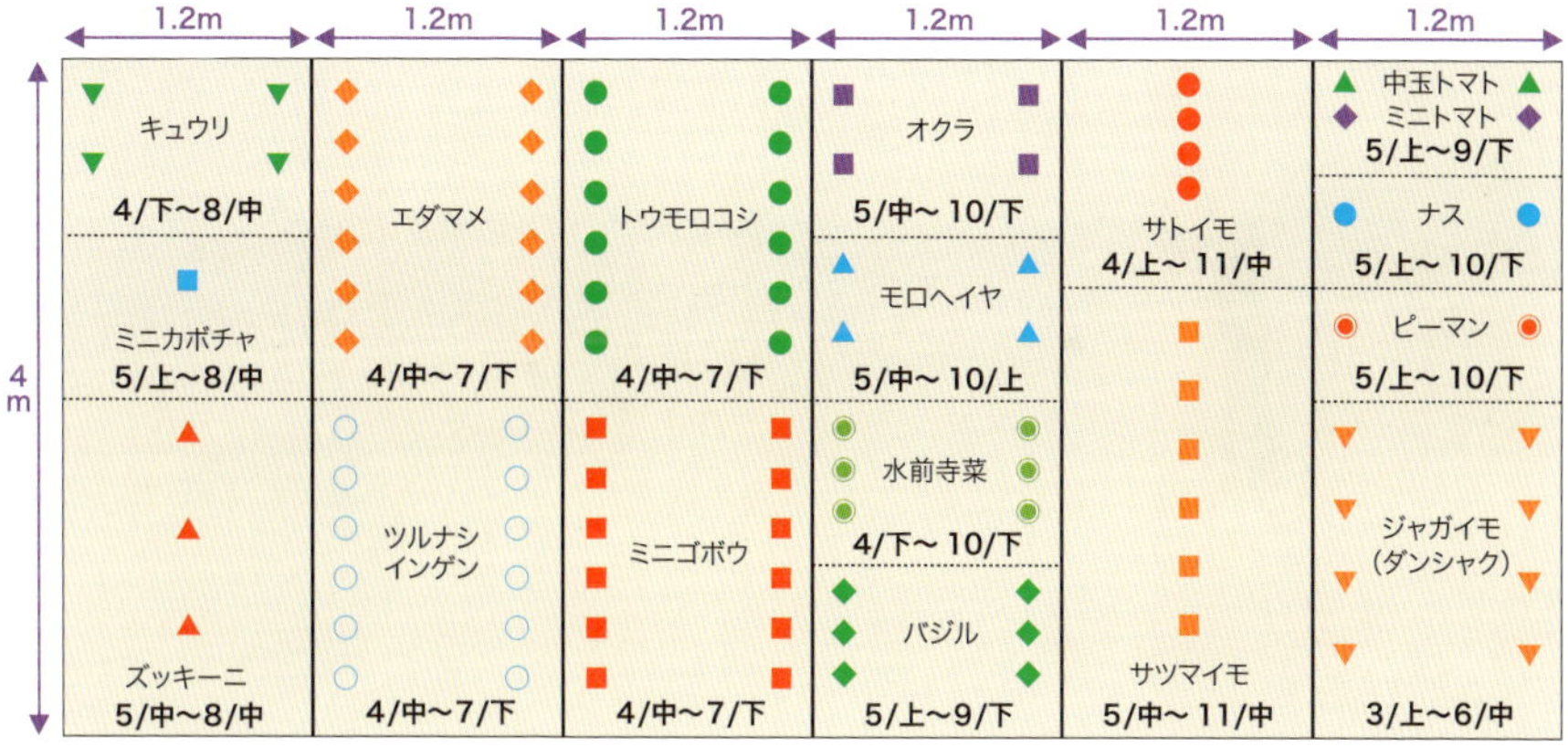
1.2m
4m
キュウリ
4/下～8/中
ミニカボチャ
5/上～8/中
ズッキーニ
5/中～8/中
エダマメ
4/中～7/下
ツルナシインゲン
4/中～7/下
トウモロコシ
4/中～7/下
ミニゴボウ
4/中～7/下
オクラ
5/中～10/下
モロヘイヤ
5/中～10/上
水前寺菜
4/下～10/下
バジル
5/上～9/下
サトイモ
4/上～11/中
サツマイモ
5/中～11/中
中玉トマト
ミニトマト
5/上～9/下
ナス
5/上～10/下
ピーマン
5/上～10/下
ジャガイモ（ダンシャク）
3/上～6/中

秋冬モデルプラン

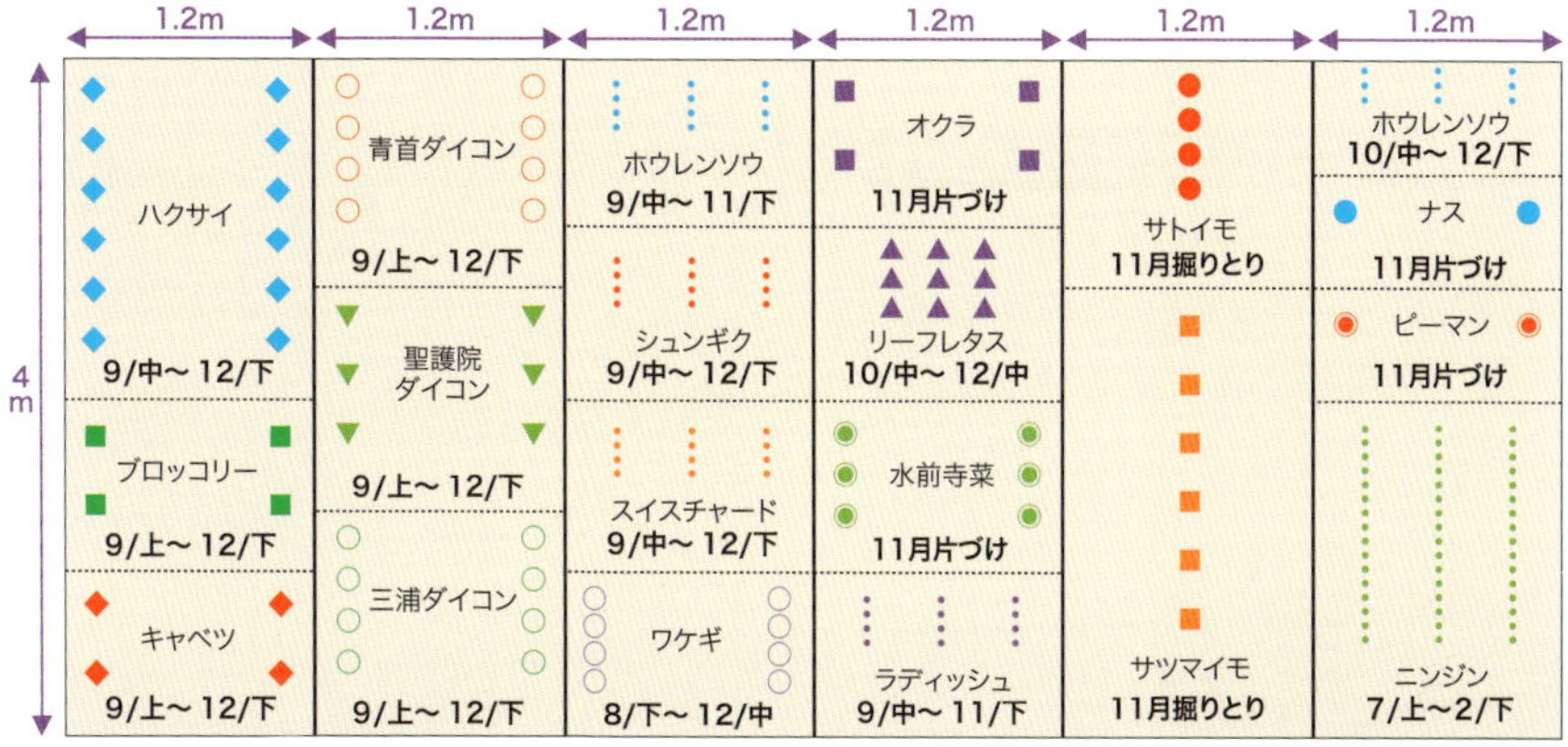
1.2m
4m
ハクサイ
9/中～12/下
ブロッコリー
9/上～12/下
キャベツ
9/上～12/下
青首ダイコン
9/上～12/下
聖護院ダイコン
9/上～12/下
三浦ダイコン
9/上～12/下
ホウレンソウ
9/中～11/下
シュンギク
9/中～12/下
スイスチャード
9/中～12/下
ワケギ
8/下～12/中
オクラ
11月片づけ
リーフレタス
10/中～12/中
水前寺菜
11月片づけ
ラディッシュ
9/中～11/下
サトイモ
11月掘りとり
サツマイモ
11月掘りとり
ホウレンソウ
10/中～12/下
ナス
11月片づけ
ピーマン
11月片づけ
ニンジン
7/上～2/下

基礎知識
2

土づくりと農業資材選び

改良剤、肥料を適切に入れて土をつくる

土のチェックが済んだら、いよいよ野菜を栽培する「土」をつくります。場合によっては、土壌の状態を改良するための肥料や資材を活用することもあります。以下では、土づくりに使う肥料とその選び方、施し方、畝の立て方を紹介します。

土づくりのための代表的な資材

苦土石灰

堆肥

化成肥料

ヨウリン

土づくりの手順

1 苦土石灰散布

畑にする場所をスコップやクワで耕し、雑草やゴミをとり除く。育てる野菜の適正酸度と広さに合う量の苦土石灰を散布し、土壌酸度を調整する。散布したらよく土と混ぜる。

2 施肥① 全面施肥

1から1週間程度したら、畑の畝にする場所全面にまんべんなく堆肥と化成肥料を散布する。まず堆肥をまき、それから化成肥料をまき、よく土と混ぜる。

施肥② 溝施肥

畝にする場所の中央に深さ20～30cmの溝を掘り、そこに均等に堆肥を、その上に化成肥料をまく。その後、土を戻す。作条施肥ともいう。

3 畝立て

施肥をした場所の両脇から土を盛り上げる。盛り上げたら土の表面をならす。高さ10cm程度が基本だが、水はけが悪い場合は高畝（20～30cm）にする。

それぞれの野菜に最適の環境をつくりましょう！

基本的な農業資材

農業資材を上手に使えば、野菜づくりの幅はぐんと広がります。ここでは、野菜づくりの必需品ともいえるべき、資材と農具を紹介します。

資材

不織布
繊維を織らずに絡み合わせてつくった布。

マルチ
土の表面を覆う資材。

支柱
特に、果菜類などを支えるのに役立つ。

ビニールフィルム
厳寒期のトンネル栽培に使用するビニール製被覆資材。

寒冷紗
網目状に織られた布。

農具

移植ゴテ
植え穴を掘ったり、ポット苗に土を入れるのに使用する。柄の長さを含めて30㎝程度のものが一般的。

レーキ
畝立後、土の表面をならすのに使用する。小石や土塊などをとり除いたり、雑草を集めるのにも便利。

クワ
土を耕したり畝立てをするほか、土寄せ、除草などにも使用する。刃の長さ20～30㎝、柄と刃の角度60度程度の「平グワ」が一般的。

ジョウロ
水の出る先端部分をハスロというが、作業によってはとりはずす必要もあるので、着脱自由なものが便利。

園芸バサミ
普通のハサミでも代用はできるが、園芸用にひとつ用意しておいたほうが便利。

カマ
主に除草するときに使用する。さまざまなものがあるので、目的によって適切なものを選ぶ。

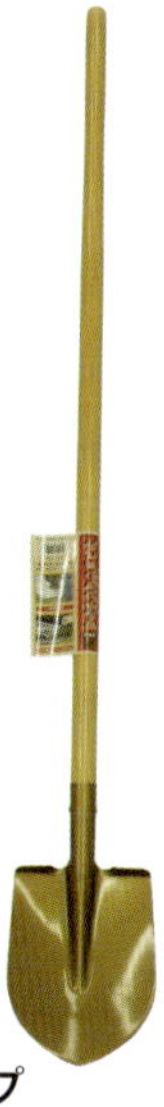

スコップ
土を大きく掘り起こしたりするときに使用する。先の尖った「剣スコ」と、先が平らな「角スコ」がある。

基礎知識 3

病害虫対策

虫も病気も発生させないことが第一

病害虫対策で一番大切なのは、そもそも病害虫を発生させないこと。そのために、病害虫を寄せつけない環境をつくらなければいけません。そのような環境をつくるには、どうしたらよいのでしょう。

一般的に病害虫は日当たりが悪く、湿度が高い場所、風通しの悪い場所で繁殖しやすくなります。まずはこのような環境にしないことが大切です。

次に、それぞれの野菜に適した環境で栽培すること。病害虫は弱った株につきます。一方、適切な環境にある野菜は健全に育ち、病害虫を寄せにくくします。

3つめは連作を避けること。連作は土のなかのバランスが崩れるため、病害虫を呼び寄せやすい環境になります。

病害虫を寄せつけない環境づくりのポイント

栽培前

①育てる野菜に適した環境をつくる

日光が好きなもの、日陰を好むもの、湿った土がいいもの、乾燥に強いものなどがある。野菜が好む環境を知り、水はけ、日当たり、風通しなどを整える。

②土づくりをしっかりする

よい土は土壌病害が発生しにくい。微生物が多く、保水性、通気性、水はけのよいふかふかの土をつくる。完熟した堆肥、腐葉土を使用することも大事。

③病気に抵抗性のある種、苗を利用する

土壌病に抵抗性のある種も多く出回っている。そうしたものを利用するのも一手。また、輪作ができないときは接木苗を使用することで病気を防ぐこともできる。

栽培中

④剪定・整枝、間引きを適切に行う

剪定・整枝、間引きは収量を上げるだけでなく、風通しや日当たりをよくする。また、除草は蒸れ防止に効果的。

⑤適切な施肥、水やりを行う

土中の肥料は、野菜に吸収されるほか、雨水で流されたりするため、栽培期間が長くなると不足してくるので、適切な追肥で株を健全に保つ。水やりは土はねしないように気をつける。

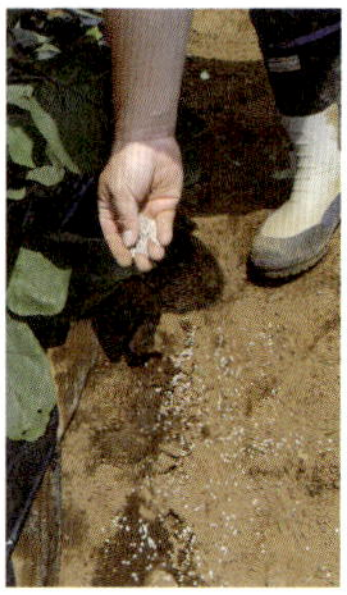

⑥物理的な防除

不織布、防虫ネットなどの利用も効果的。ただし、すでになかに害虫がいると、繁殖してしまい逆効果なので注意。

病害虫対策は
基本をしっかりと
おさえることが大切！

病気、害虫にはどんな種類がある?

●主な病気の原因

❶カビ(糸状菌)によるもの

多くは高温多湿が原因となって発生しますが、低温多湿で発生するものもあります。土壌中にいる場合もあります。

❷細菌によるもの

葉の気孔、害虫の食害跡などから侵入し、感染します。連作地、水はけの悪い畑などで発生しやすくなります。

❸ウイルスによるもの

害虫が運ぶウイルスによって感染します。

❹生理障害

栄養や水、日光の過不足によって発生します。病気ではありませんが、株を弱らせ、結果として病害虫を呼び寄せやすくなります。

●主な害虫被害

❶植物の汁を吸うもの

芽、葉、蕾などについて汁を吸います。ウイルス病を媒介するものもいます。

❷葉や根、果実を食害するもの

土中で根を食害するもの、夜間に地際に出てきて食害するもの、地上部の花や葉、成長点、果実を食害するものなどがいます。

主な野菜に発生しやすい病害虫

トマト

▼青枯病
細菌によるもの。株が急にしおれ、青みを残したまま枯れます。

▼尻腐れ病
実が青いうちに先端が黒くなる生理障害。土中の石灰(カルシウム)不足が原因。

ナス

▼テントウムシダマシ
テントウムシにそっくりですが、短い毛と背中に28個の黒点があり、葉を食害します。

▼ミナミキイロアザミウマ
実を茶色くケロイド状にします。

キュウリ

▼ウリハムシ
ウリ科の野菜によくみられる害虫。葉を食害します。

トウモロコシ

▼アワノメイガ
イネ科の植物につく害虫。幼虫が雄穂を食害した後、雌穂に潜り込み、実を食害します。葉のつけ根に粉状の塊があったら潜り込んだ跡です。

エダマメ

▼カメムシ
若いさやに口先を突っ込み、汁を吸います。さやだけが大きくなり、なかの豆ができないことに。

ジャガイモ

▼そうか病
イモの表面に茶色や黒のかさぶたのような病斑ができます。石灰のやり過ぎ、連作が原因。

アブラナ科(キャベツ、カブ、ダイコンなど)

▼根こぶ病
連作障害のひとつ。土中のカビによるもので根に大小のこぶができます。抵抗性品種(種袋にCRとあるもの)を選ぶのも対策のひとつ。

▼シンクイムシ
「ハイマダラノメイガ」という蛾の幼虫。アブラナ科の成長点(芯の部分)を食害します。

根こぶ病。

さまざまな害虫と対策

害虫対策の基本は、薬剤散布、マルチや寒冷紗の利用。
有効な薬剤や天敵の活用については、64 ～ 67ページを参考に。

ネキリムシ

【特徴】ガの幼虫。夜間に、地際から茎を食害する。

【対策】みつけしだい、とり除く。被害を受けたときには、土中を掘り返せばすぐにみつかる。

モンシロチョウ

【特徴】幼虫のアオムシが葉を食害する。特にアブラナ科の野菜に多くつき、葉脈以外を食べてレース模様のようにしてしまう。

【対策】種まきをしたらすぐに防虫ネットを張る､また、ムギ類を周囲に植えると、アブラナ科の野菜の見分けがつきにくくなり、被害が緩和されるとも。

コナガ

【特徴】幼虫が葉の裏側から表皮を残して食害する。若く、柔らかい葉を好んで食べる。多く食害されると、外見を損なう。

【対策】化学農薬を使用すると増える傾向がある。周囲に白クローバーやムギなどを栽培すると､天敵がやってきて被害を軽減できる。

オオタバコガ

【特徴】幼虫が果実や蕾に入り込み、食害する。特にナス科の野菜（トマト、ナス、ピーマンなど）に多くみられる。

【対策】畑の周りにデントコーンを植えると、オオタバコガが寄りつきにくくなり、被害を軽減できる。

ヨトウムシ

【特徴】高温になると発生しやすくなる。漢字で「夜盗虫」と書き、幼虫は日中は土中にいて夜になると活動し、葉を大きく食害する。

【対策】卵、あるいは孵化したばかりの幼虫の群生をみつけたら、ただちに捕殺するのが効果的。

キアゲハ

【特徴】幼虫はセリ科の植物によくみられる。緑に黒の縞模様があり、食欲旺盛で放置しておくと丸坊主にされてしまう。

【対策】みつけしだい、とり除く。 防虫ネットで覆い、物理的に飛来を妨げるのが効果的。

さまざまな病気と対策

なんらかの病気にかかった場合には、ひとつの野菜で食い止めてほかにうつさない工夫をすることが大切です。

うどんこ病

【特徴】葉の表面にうどん粉のような白い斑点（カビ）が発生する。夏の高温期の乾燥した環境や窒素過多の状態で発生しやすい。

【対策】肥料、特に窒素分を控えめにする。病気になってしまった葉は摘みとり、風通しをよくする。

べと病

【特徴】葉脈に囲まれた部分が黄色くなり、やがてカビが発生する。多くの野菜がかかりやすい。

【対策】葉が乾いていれば発生が抑えられるので、密植を避け、排水をよくする。キュウリなどでは肥料切れすると発生しやすいので、特に収穫期に注意が必要。

灰色かび病

【特徴】実の一部が灰色のカビに覆われてしまう。気温20度ぐらいの多湿環境で発生しやすい。イチゴなどによくみられる。

【対策】水のやり過ぎに注意する。また、密植を避け、風通しのよい環境になるように心がける。発病した部分はすぐにとり除く。

モザイク病

【特徴】アブラムシが媒介するウイルスが原因。感染が野菜全体に広がると、葉や花に緑の濃淡のモザイク模様が現れる。

【対策】アブラムシが寄りつかないよう防虫ネットで覆う。発病部分をとり除くのに使用したハサミなどからも感染するので要注意。

炭そ病

【特徴】葉、茎、果実などに褐色の斑点が出る。やがて、発病部は枯れたり、腐ったりして、野菜の生育が悪くなる。

【対策】高温多湿の環境で発生しやすい。適切な株間で植え、適宜剪定や間引きを行い、窒素肥料は控えると予防できる。発病部はすぐにとり除く。

さび病

【特徴】ネギ、タマネギなどのユリ科の野菜に多い。楕円形で橙黄色の斑点ができ、発病が激しいとやがて枯れる。

【対策】多湿な環境で発生しやすいので、密植などは避け排水をよくする。窒素分が多いと病原菌に感染しやすくなるので、バランスよく肥料を施す。

基礎知識

4

藤田式！

有機栽培のはじめ方

有機栽培は、無理せず楽しくがモットー！！

有機栽培は環境への負荷を低減させた生産方法

農林水産省が平成18年に定めた「有機農業の推進に関する法律」では、有機農業は次のように定められています。

「『有機農業』とは、化学的に合成された肥料及び農薬を使用しないこと並びに遺伝子組換え技術を利用しないことを基本として、農業生産に由来する環境への負荷をできる限り低減した農業生産の方法を用いて行なわれる農業をいう。」

化学肥料だけを使い続けると、微生物の数が減り、土が硬く適度なすき間がない単粒構造になり、作物が育ちにくい環境になることがあります。

そこで、畑の土だけでなく、人体や生態系に配慮した栽培法として、近年、有機農法が注目されるようになっているのです。

有機質肥料と無機質肥料、その違いとは？

野菜の栽培に使用される肥料は、大きく分けて「有機質肥料」と「無機質肥料」のふたつがあります。

有機質肥料とは、動植物を原料としたもので、牛ふん、鶏ふん、落ち葉、油かすなどがあります。土に投入してから微生物によって分解され野菜に吸収されるため、長時間かけて効果が現れます。栽培に時間がかかるタマネギ、ニンジンなどの野菜は、有機質肥料が効果的で、おいしいものができます。

一方、無機質肥料とは化学肥料のこと。植物の成長に必要な三大要素である窒素（N）、リン酸（P）、カリ（K）などの成分を化学的に合成したものです。1種類の成分だけを含むものを単肥、2種類以上の成分を含むものを化成肥料（複合肥料）といいます。必要成分、効果の持続時間を比較的コントロールしやすいのが特徴です。

鶏ふん
大豆油かす
菜種油かす

有機栽培3カ条

有機質肥料で土づくりをしっかり行う！

有機栽培で使用する有機質肥料は季節や原料、つくり方によって発酵の度合いも違います。加減を見極めるのがポイントです。

病害虫が発生していないか、こまめにチェック！

有機栽培を成功させるには、地道にこまめに病害虫を防除するほかありません。有機栽培はまさに、汗と涙の結晶なのです。

知識、経験、工夫の積み重ねで、レベルアップ！

失敗と成功を繰り返すうちに、季節ごとに、また畑に適した方法をみつけることができます。まずは小さな規模から、あまり気負わずにチャレンジしてみましょう。

有機栽培をはじめてみよう

有機栽培で野菜を育てるなら、なんといっても「土づくり」が重要なカギ。無機質肥料を使用する場合とでは、散布する石灰の種類、肥料の分量が異なります。有機栽培では、有機石灰２００〜３００g／㎡、完熟牛ふん４kg／㎡、発酵鶏ふん３００g／㎡、油かす１００g／㎡が目安。追肥には「ぼかし肥」を使用します。ぼかし肥は、あらかじめ発酵させてある分、効き目が早いため、追肥で使用できます。

ただし病害虫が発生してどうしようもない場合には、無理せずに適切に農薬を使用するのがよいでしょう。

ぼかし肥のつくり方

ぼかし肥は販売されていますが、自分でつくることもできます。一般的には、複数の有機質肥料を混ぜ、発酵させてつくります。発酵中は、強いアンモニア臭がするので、近所の迷惑にならない場所を選びましょう。

▼用意するもの（30ℓ分）

米ぬか３ℓ、もみがら６ℓ、小粒の赤玉土または畑の土９ℓ、鶏ふん12ℓ、水10〜15ℓ（材料の総重量の55％程度）

①水以外の材料を１カ所に集めて、よく混ぜる。

②水をかけてよくしみ込ませる。山を返し、水をかける作業を４〜５回繰り返し、全体に水がよく行き渡るようにする。

③雨よけにシートをかけ、周囲に石、レンガなどを置く。

④２日目から毎日、山を崩して混ぜる作業を行う。乾燥しているようなら適宜、水を加える。終わったらまたシートをかぶせ、石などを置く。
発酵がはじまると、強烈な臭いがするので注意。

⑤約１カ月して、悪臭がなくなったらできあがり。

※成分はN:P:K=1.5:2.0:1.5ほど。追肥には300g/㎡を使用するのが目安。

これだけは覚えたい 野菜づくりの基本用語

あ行

【一代雑種品種】いちだいざっしゅひんしゅ▼異なる遺伝的形質をもった2品種を交配してつくった雑種一代目の品種。別名「一代交配品種」「F_1」。生育が旺盛で揃いがよいのが特徴。

【一番花】いちばんか▼その株に最初につく花のこと。ミニトマトのように房状に花がつくものは「第一花房」という。

【一番果】いちばんか▼その株に最初になる実のこと。ピーマン、キュウリなど、株が小さいうちに一番果がなるものは、株の成長を優先させて早めに収穫する。

【植えつけ】うえつけ▼野菜の苗、種イモを畑やプランターなどに植えること。「定植」ともいう。

【畝】うね▼野菜の種をまいたり、苗を植えつけたりするために、土を細長く盛り上げたもの。水はけをよくするなどの効果がある。

【晩生】おくて▼収穫までの期間が比較的長い品種のこと。

【雄花】おばな▼雌しべがなく、雄しべだけをもつ花。キュウリやカボチャなど、ウリ科の野菜は雄花、雌花が別々に咲く。

【親づる】おやづる▼つるが伸びる野菜で、最初に子葉（双葉）から伸びたつるのこと。

か行

【改良資材】かいりょうしざい▼土の状態を野菜や植物が育ちやすいようにするために土に加える資材のこと。堆肥、腐葉土、赤玉土、バーミキュライトなど。

【化成肥料】かせいひりょう▼植物の成長に必要な三大要素（窒素、リン酸、カリ）のうち、2種類以上の成分が含まれるよう、化学的に合成した肥料。

【株間】かぶま▼野菜を栽培する際の、株と株の間隔のこと。野菜によって適切な株間を空けることが大切。

【株分け】かぶわけ▼親株から出てきたわき芽を根をつけた状態で切り離し、移植すること。株が繁殖したり、若返る効果がある。多年草などに用いる。

【花蕾】からい▼カリフラワーやブロッコリーの食用部分。それぞれの蕾が集合した部分と柔らかな茎の部分を指す。株の中心にできるのが頂花蕾、脇につくのが側花蕾。

【カリ】かり▼植物や野菜の成長に必要な三大要素のひとつで、「カリウム」のこと。肥料袋の表示では「K」と表示されている。

【寒ざらし】かんざらし▼厳寒期に、畑の土を粗く掘り起こして、そのまま寒気にさらすこと。病害虫を死滅させる効果がある。

【寒冷紗】かんれいしゃ▼細かい網目状の布。遮光、防虫、防寒、防風などを目的に使用する。

【草丈】くさたけ▼野菜の株の高さ。地面から一番上の葉の先までの長さのこと。

【苦土石灰】くどせっかい▼「苦土」が含まれた石灰のこと。「苦土」は「マグネシウム」のことで、葉の光合成の働きを助ける効果がある。土壌酸度を調整するために土に散布する。

【好光性種子】こうこうせいしゅし▼光が発芽を促進する性質の種。ニンジンやレタスなど。種まき後の覆土は薄くする。

【交雑】こうざつ▼遺伝子組成の異なるふたつの品種を掛けあわせること。人工的に交雑させてつくるのが「一代雑種品種」。

【更新剪定】こうしんせんてい▼株を若返らせることを目的に、伸びた古い枝を切り落とすこと。

【子づる】こづる▼つるが伸びる野菜で、わき芽から伸びたつるのこと。

【根粒菌】こんりゅうきん▼マメ科の野菜・植物の根に共生して根粒を形成する土壌細菌。宿主である植物から養水分をもらいながら、空気中の窒素を固定して宿主に供給する働きがある。

さ行

【さし木】さしき▼手軽な繁殖法。植物の一部を切りとって茎や根を土にさし、新しく発根・発芽させること。ハーブ類などに用いる。

【支柱】しちゅう▼野菜の株が風などによって倒れないように支えるための棒。高さ、形状など、さまざまなものがある。

【雌雄異花】しゆういか▼ひとつの株に雄花と雌花が別々につく植物のこと。ウリ科などにみられる。

【受粉】じゅふん▼雌しべに、雄しべの花粉がつくこと。同一の花にある雄しべの花粉が雌しべにつくことを「自家受粉」、他の個体の雄しべの花粉が雌しべにつくことを「他家受粉」という。

【人工受粉】じんこうじゅふん▼人工的に受粉をさせること。筆などを使って、花粉を雌しべの柱頭に付着させる。カボチャなどで行う。

【整枝】せいし▼風通しや日当たりなどをよくするために、枝や芽などを適宜、切りとること。主枝の先端を摘みとる「摘芯」、わき芽を摘みとる「わき芽かき」など。収量アップにもつながる。

【剪定】せんてい▼風通しや日当たりをよくしたり、株全体の姿を整えるために余計な枝を切り落とすこと。

た行

【堆肥】たいひ▼動植物由来の有機物を発酵させたもので土壌改良資材として使われる。牛ふん、鶏ふん、バーク堆肥、腐葉土など。

【高畝】たかうね▼水はけが悪い畑などで、通常（10㎝程度）よりも高く（20～30㎝）土を盛り上げてつくる畝。

【種イモ】たねいも▼ジャガイモ、サトイモなど、イモ類の栽培で、植えつけに使用するイモのこと。

【窒素肥料】ちっそひりょう▼植物や野菜の成長に必要な三大要素のひとつ「窒素」を主成分とする肥料のこと。魚粉、油かすなどは有機質窒素肥料、石灰窒素、硫安などは化学窒素肥料。肥料袋の表示では「N」と表示されている。

【中耕】ちゅうこう▼株のまわりの土や畝の間の土を軽く耕すこと。栽培の途中で行うことで、硬くなった土を柔らかくし、通気性をよくする。

【追肥】ついひ▼野菜や植物の種まきや植えつけをしたあと、成長の具合に応じて肥料を与えること。

【土寄せ】つちよせ▼間引き後、追肥後などに、株元に土を寄せて盛り上げること。株の倒伏予防と除草の効果もある。

【つるボケ】つるぼけ▼つるや茎、葉ばかりが繁茂して、実つきが悪くなったり、イモの肥大が悪くなったりすること。葉の成長を促す窒素肥料が多い場合におきる。

【定植】ていしょく▼野菜の苗、種イモを畑やプランターなどに植えること。

【摘芯】てきしん▼主枝の成長点を切ったり摘みとったりして株の成長を止めること。摘芯するとわき芽が伸びるため、側枝を増やすことができる。

【天地返し】てんちがえし▼土の表面部分（耕土）と、その下の土（心土）を入れかえる作業のこと。土の劣化、病害虫の発生が深刻なときなどに行う。

【とう立ち】とうだち▼植物が、日照、気温、日の長さなど、一定の条件下で、花を咲かせようとして花茎を伸ばすこと。とう立ちすると花や茎が硬くなり、味が落ちることがある。

【土壌酸度】どじょうさんど▼土の酸度のこと。多くの野菜は弱酸性（pH6・0〜6・5）でよく育つが、野菜によって適する酸度が異なる。

【トンネル】とんねる▼曲がる支柱などで骨組みをつくり、ビニールフィルム、寒冷紗などで畝を覆うこと。防虫、保温、霜よけ、日よけなどの効果がある。

な行

【中生】なかて▼収穫までの期間が晩生種より短く、早生種より長い品種のこと。

【根鉢】ねばち▼ポリポットや鉢などで育苗した苗をとり出したときに、根が張って土が鉢の形になっていること。

は行

【培養土】ばいようど▼野菜や植物の栽培に使用する土のこと。主に育苗やプランター栽培をするときに使う。さまざまな質の土、肥料や堆肥などを混ぜてつくられるもの。

【花芽】はなめ▼植物や野菜で、成長点で花が形づくられるようになった部分。それまで葉のもとになっていたものが花芽になることを「花芽分化」という。

【覆土】ふくど▼種をまいたあと、種の上に土をかけること。一般的には、種の直径の3倍程度の深さに土をかける。

【不織布】ふしょくふ▼繊維を織らずに、絡みあわせてつくった布。薄くて軽く、水を通す。種をまいたあと、畝の上全体を覆うべたがけなどに使用する。

【双葉】ふたば▼発芽後、最初に開く葉のことを「子葉」といい、子葉が2枚あるものを双葉と呼ぶ。子葉が2枚のものを双子葉植物、1枚のものを単子葉植物と呼ぶ。

【腐葉土】ふようど▼落ち葉を発酵・腐熟させたもの。土壌改良材として使われる。肥料分は少ないが、保肥力、保水力は高い。

【ポリポット】ぽりぽっと▼育苗するために一時的に使用するビニール製の鉢。さまざまな色、大きさのものがある。

【本葉】ほんば▼子葉が出たあとに出る葉のこと。その植物本来の葉の形をしていることが多い。

ま行

【間引き】まびき▼発芽したあと、生育のよいものを残して、弱い株や形の悪いものを引き抜く作業のこと。生育の状態に応じて2〜3回行うのが一般的。

【マルチ】まるち▼ポリフィルムやワラなどで、畝の表面を覆うこと。色、穴の有無などさまざまなものがある。地温を上げる、防草、保湿など、目的もさまざま。

【無機質肥料】むきしつひりょう▼化学肥料のこと。植物の成長に必要な三大要素（窒素、リン酸、カリ）を化学的に合成した肥料。

【雌花】めばな▼雄しべがなく、雌しべだけをもつ花。

【元肥】もとごえ▼種まき、苗の植えつけをする場所に、あらかじめ施しておく肥料のこと。堆肥、油かすなどの効き目の緩やかな肥料のほか、即効性のある化成肥料なども混合して散布する。

【もみがら】もみがら▼脱穀前の米の最も外側についている殻。堆肥の原料にされたり、種まき後、保水用にかけたりする。焼いて土壌改良資材としても使用される。

や・ら・わ行

【誘引】ゆういん▼茎や枝、つるなどをひもで支柱やネットに固定すること。茎やつるを正しい方向に伸ばし、倒伏を防ぐなどの目的がある。

【有機質肥料】ゆうきしつひりょう▼動植物を原料とした肥料。牛ふん、鶏ふん、落ち葉、油かす、骨粉などの動植物由来の物質がゆっくりと時間をかけて効く。

【ヨウリン】ようりん▼「熔成リン肥」を略したもの。成分としては、実を実らせるのに必要なリン酸分のみの肥料。元肥として与えると効果的。

【緑肥】りょくひ▼土の肥沃化やセンチュウ防除などを目的として栽培し、収穫せずにそのまま土にすきこんで肥料とする作物。クローバー、レンゲソウ、マリーゴールドなど。

【輪作】りんさく▼同じ科の野菜を同じ場所で育てる連作を避け、異なる科の野菜を順番にローテーションしながら育てる栽培方法。

【リン酸】りんさん▼植物や野菜の成長に必要な三大要素のひとつ。肥料袋の表示では「P」と表示されている。「実肥」ともいわれる。

【連作障害】れんさくしょうがい▼同じ科の野菜を同じ場所で続けて栽培し、その科に特有の病害虫が発生しやすくなったり、土のバランスが崩れたりして、生育が悪くなること。

【わき芽】わきめ▼植物の主枝の葉のつけ根などから出てくる芽。トマトなどでは、わき芽は摘みとり、養分を実に集中させる。逆にバジル、シソは摘芯をしてわき芽を育てる。

【早生】わせ▼収穫までの期間が比較的短い品種のこと。

[カバーデザイン]	藤井耕志(Re:D)
[本文デザイン・DTP]	ニイモモクリエイト
[撮影]	谷山真一郎
[編集協力]	青山美佳
[イラスト]	高橋なおみ
[校正]	大村恵子
[企画制作]	風土文化社

大人の自由時間

藤田智《ふじたさとし》のこだわりの野菜《やさい》づくり

地方野菜《ちほうやさい》・変《か》わり種《だね》に挑戦《ちょうせん》！

2016年3月25日　初版　第1刷発行

[著者]　藤田《ふじた》　智《さとし》

[発行者]　片岡　巌

[発行所]　株式会社技術評論社
東京都新宿区市谷左内町21-13
電話　03-3513-6150：販売促進部
　　　03-3267-2272：書籍編集部

[印刷／製本] 図書印刷株式会社

定価はカバーに表示してあります。

ISBN978-4-7741-7977-3　C2061
Printed in Japan

Fujita Satoshi

藤田　智

恵泉女学園大学人間社会学部教授。専門は園芸学。1959年、秋田県生まれ。岩手大学農学部を卒業後、同大学院修了。大学での指導のほかにも、一般向けに講演や菜園指導も行っている。また、テレビ・ラジオ番組や雑誌など多方面で活躍中。著書、監修書多数。近著に、『藤田智のもっと知りたい野菜づくりQ&A』『藤田智の成功するコンテナ菜園』(ともにNHK出版)、『必ず収穫できる藤田智の野菜づくり入門』(実業之日本社)などがある。また、監修書に『野菜とハーブのプランター菜園』(ブティック社)、『藤田智の野菜づくり大全』(NHK出版)などがある。

[写真協力]

株式会社サカタのタネ ㋚ / タキイ種苗株式会社 ㋟ / 中原採種場株式会社 ㊥ / トキタ種苗株式会社 Ⓣ / みかど協和株式会社 (み) / とんがらし芥川 (と) / サントリーフラワーズ株式会社 Ⓢ /日本デルモンテアグリ(株) ㊐ /株式会社野崎採種場 (野) /九州沖縄農業研究センター (九) /カネコ種苗株式会社 ㋕ /雪印種苗株式会社 (雪) /株式会社トーホク ㋣ /有限会社フタバ種苗 ㋫ /花の館 (花) /独立行政法人農畜産業振興機構 (農) /はやし園 (は) /丸種株式会社 (丸) /(一社)長岡コンベンション協会/野口種苗研究所/八江農芸株式会社/秋田県農林水産部/藤田種子株式会社/株式会社大和農園ホールディングス/常吉農園/JAひだ/山口中央農業協同組合/高知県園芸農業協同組合連合会/有限会社石元食品/愛媛県農林水産研究所/多久市商工会/農業生産法人四季菜にんにく株式会社/山形県農林水産部/宮城県食産業振興課

株式会社アーキネット/アグリアシストジャパン株式会社/愛媛県農林水産部/小千谷市農林課/富山県農林水産部/坂井市農林水産課/日本カボチャ備前黒皮を復活させる会/堺共同漬物株式会社/全国農業協同組合連合会鳥取本部/三里浜特産農業協同組合/株式会社伊原本店/さいたま市農業政策部/meijiseika ファルマ株式会社/住友化学園芸株式会社/サンケイ化学株式会社/OATアグリオ株式会社/浅香工業株式会社/清和肥料工業株式会社/マルシェ青空/企業組合かほくイタリア野菜研究会/ピクスタ